프랑스어 문법

 grammaire française

프랑스어 문법

김진수

한불포럼
FORUM COREE-FRANCE

머리말

그동안 『프랑스어 ... 』라고 이름 붙은 책을 30여 권이나 냈습니다. 대부분 도서출판 三志社에서 냈지요. 출간 서적 가운데에는 외국어계 고교 국정교과서도 3종 있었습니다. 지난 1991년 EBS 교육방송 「TV프랑스어 회화」의 진행과 방송교재 (교학사, 대성교육출판, 홍익미디어) 집필을 맡으며 원고를 쓰기 시작했는데, 이제는 한불포럼에서 정리해볼 때인 것 같습니다.

어떤 언어를 습득하기 위한 기본서로 문법서와 사전을 들 수 있는데 본 『프랑스어 문법』은 방대한 문법 관련 규칙들을 체계적으로 정리 했습니다.

I. 우선 시제의 정리
  1. 현재시제 2. 복합과거 3. 반과거 4. 대과거
  그리고 문어체인 5. 단순과거, 전과거와 6. 미래, 전미래

II. 나름 용법이 까다로운
  7. 조건법 현재와 과거
  8. 부정문 9. 의문문 10. 인칭대명사 11. 관계대명사
  12. 지시사 13. 소유형용사, 소유대명사

III. 가장 기본이 된다고 할 수 있는
  14. 정관사, 부정관사 15. 형용사 16. 비교급, 최상급 17. 명령형

IV. 그리고 패턴을 잘 알아야 하는

　18. 대명동사 19. 수동태
　20. 동사원형과 현재분사 21. 전치사 à와 de
　22. 접속법 현재
　23. 접속법 과거, 반과거, 대과거

　이 책『프랑스어 문법』의 각 과는 용법과 형태로 나뉘어져 있고 각 과애는 패턴연습이 있습니다. 책 뒤쪽에는 「프랑스어 문법 총정리 」편에서 중요한 문법 내용을 다시 한번 확인해봅니다. 주요 문법 내용은 두 번 반복하고 체계화 시키는 것을 목표로 합니다. 효과적인 학습을 기대합니다.

2023년 2월　김 진 수

차례

0. 프랑스어 발음
1. 현재시제
2. 복합과거
3. 반과거
4. 대과거
5. 단순과거, 전과거
6. 미래, 전미래
7. 조건법 현재와 과거
8. 부정문
9. 의문문
10. 인칭대명사
11. 관계대명사
12. 지시사
13. 소유형용사, 소유대명사
14. 정관사, 부정관사
15. 형용사
17. 명령형
18. 대명동사
19. 수동태
20. 동사원형과 현재분사
21. 전치사 à와 de
22. 접속법 현재
23. 접속법 과거, 반과거, 대과거

■ 프랑스어 문법 총정리

지금까지 다뤄온 여러 내용들을 빈도와 난이도 별로 선별하여 그 개념과 용법을 분명히 하게 한다.

1. 복합과거
2. 대명동사의 복합과거
3. Y와 EN 대명사
4. 미래
5. EN 대명사의 용법
6. 반과거
7. 의문대명사 : 그 중 어느 것이?
8. 지시대명사
9. EN 대명사 : 《 소유의 DE + 명사》대치
10. 대과거
11. 전미래
12. 조건법 현재
13. 조건법 과거
14. 접속법
15. 현재분사
16. 제롱디프

프랑스어 문법

0
프랑스어 발음

0 프랑스어 발음

프랑스어의 기본 발음은 "쁘, 뜨. 끄" 경음이다.
우선 국제음성기호를 분명히 익혀 두자.

1. 자음

[b]	bal 무도회, beau 멋진
[d]	doux 달콤한
[f]	fête 축제, pharmacie 약국
[g]	gain 이득, guerre 전쟁
[k]	cabas 장바구니
[l]	loup 늑대
[m]	mou 물렁한, homme 사람
[n]	nous 우리
[ŋ]	parking 주차장 ([ŋ]는 '응' 소리)
[ɲ]	agneaux 어린 양 ([ɲ]는 '뉴' 소리)
[p]	passé 과거
[ʁ]	roue 바퀴, rhume 감기
[s]	sa 그의, hausse 높은
[ʃ]	chou 양배추, schéma 도표
[t]	tout 모든, thé 차, 티
[v]	vous 당신, wagon 차량

[z]	base 기본, zéro 제로
[ʒ]	jauge 용량, pigeon 비둘기

2. 반모음 :
온전하게 한 음절을 형성하지는 못하고 그 다음 음절로 넘기는 역할을 한다.

[j]	payer 지불하다, fille 아가씨, travail 일
[w]	oui 네, loi 법률, moyen 수단
[ɥ]	huit 8

3. 모음

구강모음

[a]	patte 짐승 다리 (전모음)
[ɑ]	pâte 밀가루 반죽 (후모음)
[e]	clé 열쇠, chez ~의 집에
[ɛ]	lettre 편지, faite 일이 되다
[ɛː]	mère 어머니, fête 축제
[ə]	dangereux 위험한
[i]	si 만약, île 섬
[œ]	sœur 누이 (큰 입술 둥근소리)
[ø]	ceux 그들 (입술 둥근 소리)
[o]	sot 바보 같은, bureau 사무실
[ɔ]	sort 운명

[u]   coup 일격
[y]   tu 너 (입술 둥근 소리)

4. 비모음

[ã]   sans ~ 없이, septembre 9월
[ɛ̃]   vin 와인, main 손
[œ̃]   brun 갈색의
[ɔ̃]   son 그의

5. 철자 부호

① accent aigu (é)

악쌍 떼귀. aigu는 "날카로운, 뾰족한"이라는 뜻.
e 위에만 붙을 수 있어서 é로만 쓰이는데 사용빈도는 제일 높다.

② accent grave (`)

악쌍 그라브. grave는 "무거운, 진중한"의 뜻. à, è, ù에서 사용된다.
è가 애[ɛ]의 발음으로 나는 것만 빼면 나머지는 발음이 그대로 이다.
à는 à, là, déjà에서, ù는 où에서, è는 바로 뒤의 음절이 개음의 e일 때만 쓴다.

③ accent circonflexe (^)

악쌍 씨르꽁프렉스. circonflexe는 '굽었다'는 뜻.
모든 모음에 붙을 수 있어서 â, ê, î, ô, û의 사용이 가능하지만 î, û는 i, u와 발

음에 차이가 없기 때문에 90년대에 동음이의어를 제외한 모든 단어에서 î 와 û의 사용을 폐지했다.

예전에 모음과 자음 사이에 s가 있었으나 지금은 s가 묵음이 되어 탈락된 흔적을 나타낸다. (예: forest → forêt, hospital → hôpital)

④ **tréma (¨)**

'트레마'

ë, ï, ü에서 실현된다. 독일어의 움라우트와는 다르다. 이중 모음 중 뒤쪽의 모음에 붙어서 발음을 따로 하게 된다.

주의 할 것은 트레마(..)가 붙은 경우 Noël을 "뇔"로 붙여서 발음 하지 말고 특히 첫 모음 O를 원래 소리대로 "오"로 발음한다.

naïve → 나이브

Noël → 노엘

⑤ **cédille (ç)**

쎄디유. c의 발음은 e, i, y 앞에서는 [s]이고, a, o, u 앞에서는 [k]인데, 이 부호가 붙으면 a, o, u 앞에서도 [s]의 발음이 나온다. 동사 활용에서 '-cer'의 형태인 동사가 1인칭 복수형으로 쓰일 때, 음가를 유지하기 위해 나온다.

예: leçon 수업→ 르쏭

français 프랑스어→ 프랑세

⑥ **trait d'union (-)**

트레뒤니옹. 연결선이라는 뜻.

말 그대로 두 단어를 연결할 때 사용하는 붙임표다.

⑦ **apostrophe (')**
아뽀스트로프. 영어의 아포스트로피와 같은 기능이다.

6. 연독(La liaison):

예 : mes‿amis 내 친구들 / vous‿êtes 당신은 ~이다 / les Etats‿-Unis 미국 - [lezetazyni]

꼭 연독을 해야하는 필수 리에종은 다음과 같다.

① **주어 대명사와 동사 사이**
nous‿avons des enfants
우리는 자식들이 있다

vous‿avez une voiture
당신은 승용차가 있다.

ils‿ achètent des fruits
그들은 과일을 산다.

② **관사와 명사 사이**
les‿enfants 아이들

des‿universités 대학들

mon_ami 내 친구

③ **숫자 다음에**
un_adulte 성인 하나

deux_euros 2유로
trois_heures 3시간

six_enfants 6명의 어린이

④ **연독이 금지된 경우**
"et" 다음에
un homme et/ une femme 남과 여

명사와 동사 사이에
l'étudiant/ étudie 학생은 공부한다

동사와 관사 사이
elle écrit/ une lettre 그녀는 편지를 쓴다
tu veux/ un café? 커피 한잔 할래?

명사와 형용사 사이
un étudiant/ intelligent 지적인 학생

7. 모음 생략(L'élision)

① "e"와 함께 모음을 생략하는 경우

l'oiseau ← (le oiseau) 새

j'aime ← (je aime) 나는 좋아한다

tu m'aides ← (tu me aides) 너는 나를 돕는다

elle s'appelle ← (elle se appelle) 그녀의 이름은 ~이다.

② "a"와 함께 모음을 생략하는 경우

l'université ← (la université) 대학교

l'amie ← (la amie) 여자 친구

je l'aime ← (je la aime) 나는 그녀를 사랑한다

프랑스인의 프랑스어

프랑스인들의 모국어에 대한 사랑과 애착은 널리 알려져 있다. 따라서 프랑스에서 프랑스어에 관련된 문제는 언제나 국가적인 관심사가 되어 왔다. 지난 1994년 8월 프랑스어 사용관련법(이 법을 제안한, 당시 문화부 장관 자크 투봉 (Jacques Toubon)의 이름을 따서 흔히 투봉법으로 부르고 있음)이 상·하원을 통과해 채택된 지금도 사정은 마찬가지이다.

사법부의 업무처리를 프랑스어로 하도록 한 1593년 빌레르-코트레 (Villers-Cotterêts) 칙령과 1653년 프랑스어의 수호자 역할을 맡게 되는 아카데미 프랑세즈의 설립을 거치며 "프랑스어는 국력결집의 매개이며 가장 중요한 문화 유산가운데 하나"라는 점은 국가정책에 꾸준히 반영되어 왔다.

지난 1994년 여론조사기관인 SOFRES사(社)의 조사 결과에 따르면 97%의 프랑스인은 자신의 모국어에 밀착되어 있다고 느끼며, 70%의 응답자는 프랑스어의 보급과 확산에 자부심을 느낀다고 답했다. 언어가 정부정책의 대상이 될 수 있는가 라는 질문에도 다수의 응답자가 긍정적으로 답했다. 39%의 응답자는 프랑스어의 수호에 있어서 정부의 주도적인 역할이 필요하다고 답했으며, 51%는 이 같은 정책이 '중요한 일'이라고 판단했다. 9%의 응답자만이 그다지 중요하지 않은 일이라고 답했다. 위의 수치들이 보여주는 것처럼 프랑스어는 프랑스라는 나라의 정체성 설정에 있어서도 상당한 부분을 차지하고 있다

숨가쁜 제국주의 시대를 통해 형성된 프랑스어 사용권 국가들은 이제 영어권에 맞서 자존심을 유지하려고 애쓰고 있다. 프랑스어를 사용하는 지구촌 49개 국가의 지도자들은 정기적으로 개최되는 정상회담에서 프랑스어의 진흥에서부터 경제협력까지 논의하며 세계 속의 프랑스어 사용권의 역량 강화를 모색하고 있다. 프랑스어 사용권의 인구는 현재 6억 3천명, 전세계 인구의 9%, 세계무역의 10%를 차지하고 있다.

프랑스는 지금 프랑스어에 과거의 영광을 되찾아주려는 노력을 경주하고 있다. 이른바 표현의 자유와 인터넷 시대의 무한 교류라는 저항에 맞서 한 언어의 위상 유지를 위한 국가적 사업을 주도하고, 특히 아메리카니즘에 대항하는 다언어사용주의(plurilinguisme)를 문화 유산 보호라는 이름으로 정책에 반영하며 실시하고 있는 점은 눈여겨볼 만한 것이다.

프랑스어 문법

1
현재시제

1 현재시제

1 용법

1 프랑스어의 현재형은 대부분의 경우 영어의 현재진행형에 해당된다.

J'écris une lettre = I am writing a letter.
나는 편지를 쓰고 있다.

그리고 진행상을 더욱 강조하기 위해서는 être en train de + inf. 를 사용할 수 있다.

Je suis en train d'écrire une lettre.
나는 편지를 쓰고 있는 중이다.

2 최근에 일어난 일은 근접과거 시제(venir de +inf.)를 이용한다.

Je viens de le voir.
나는 방금 그를 보았다.

3 <depuis + 현재형>은 과거에 시작되어 지금도 계속되는 일이나 동작을 나타낸다.

J'habite dans cette maison depuis quatre ans.
나는 4년째 이 집에 살고 있다.

이와 같은 내용을 il y a ... que, ça fait ... que, voilà ... que 로도
표현할 수 있다.

Il y a quatre ans que j'habite dans cette maison.
이 집에 산 지 4년 되었다.

Ça fait quatre ans que j'habite dans cette maison.
이 집에 산 지 4년 되었다.

Voilà quatre ans que j'habite dans cette maison.
이 집에 산 지 4년 되었다.

위와 같은 경우 영어에서는 대부분 과거형을 이용하니 주의 해야한다.

4 **프랑스어의 현재형은 미래를 가리키는 경우도 많이 있다.**

Demain. c'est promis, j'arrive à l'heure.
내일, 약속한다, 시간에 맞추어 가겠다.

5 **현재시제는 특히 구어에서 명령형을 대신하기도 한다.**

Tu arrêtes de crier! (= Arrête de crier)
그만 소리쳐리.

2 형태

1 1군동사(-er)

je -e	nous -ons
tu -es	vous -ez
il/elle -e	Ils/elles –ent

aimer 좋아하다

j'aime	nous aimons
tu aimes	vous aimez
il aime	ils aiment

J'aime Marie. 나는 마리를 사랑한다.
Il aime les sports. 그는 스포츠를 좋아한다.

2 2군동사(-ir)

je –is	nous -issons
tu –is	vous -issez
il/elle –it	ils/elles -issent

finir 끝내다
어간 fin 어미 ir

1 현재시제

je finis　　　　　nous finissons
tu finis　　　　　vous finissez
il finit　　　　　ils finissent

La classe finit à midi.　　수업은 정오에 끝난다.

❸ 3군 동사

동사활용이 불규칙한 동사들로는 다음을 예로 들 수 있다.
동사변화표를 통해 다시 확인하기 바란다.

apercevoir 알아차리다	boire 마시다	conduire 이끌다
connaître 알다	courir 달리다	croire 믿다
devoir -해야 한다	dire 말하다,	dormir 잠자다
écrire 쓰다	envoyer 보내다	faire 하다
lire 읽다	mettre 놓다	mourir 죽다
naître 태어나다	ouvrir 열다	pouvoir ~을 할 수 있다
prendre 잡다	recevoir 받다	sentir 느끼다
sortir 외출하다	suivre 따라가다	tenir 집다
voir 보다	vouloir 원하다	

● -ir로 끝나는 3군 동사

ouvrir 열다　　　　　　offrir 제공하다
j'ouvre　　　　　　　　j'offre
tu ouvres　　　　　　　tu offres

il ouvre   il offre
nous ouvrons   nous offrons
vous ouvrez   vous offrez
ils ouvrent   ils offrent

● **-re로 끝나는 3군동사**

> re로 끝나는 동사
> - s   - ons
> - s   - ez
> - ∅   - ent

prendre 잡다   **craindre** 우려하다
je prends   je crains
tu prends   tu crains
il prend   il craint
nous prenons   nous craignons
vous prenez   vous craignez
ils prennent   ils craignent

battre 싸우다   **mettre** 놓다
je bats   je mets
tu bats   tu mets
il bat   il met

1 현재시제

nous battons　　nous mettons

vous battez　　vous mettez

ils battent　　　ils mettent

그리고 까다로운 동사활용을 하는 동사들

vouloir 원하다　　**pouvoir** 가능하다　　**valoir** 가치가 있다.

je veux　　　　　je peux　　　　　je vaux

tu veux　　　　　tu peux　　　　　tu vaux

il veut　　　　　il peut　　　　　il vaut

nous voulons　　nous pouvons　　nous valons

vous voulez　　vous pouvez　　　vous valez

ils veulent　　　ils peuvent　　　ils valent

패턴연습 1

1 알맞은 현재시제로 활용해 보시오.

ⓐ Ils parl _____ trop fort.
그들은 너무 크게 말한다.

ⓑ Vous fin _____ votre travail et on sort.
여러분 일을 끝내고 나갑시다.

ⓒ Nous _____ de l'écouter.
우리는 그의 말 듣기를 거부한다.

ⓓ Je te défend _____ de sortir seule.
나는 네가 혼자 외출하는 것을 못하게 한다.

ⓔ Il réuss _____ tout ce qu'il fait.
그는 자신이 하는 모든 일을 성공한다.

ⓕ Tu répond _____ quand je te parle!
내가 네게 말할 때 대답해라.

ⓖ Tu tomb _____ amoureuse toutes les semaines!
너는 매주 사랑에 빠지는구나.

2 괄호 안의 동사를 알맞은 형태로 완성시켜보시오.

ⓐ Je _____ que c'est très difficile. (admettre)
나는 그 일이 매우 어렵다는 것을 인정한다.

ⓑ Cet enfant _____ à poings fermés. (dormir)
이 아이는 깊이 자고 있다.

ⓒ Nous _____ bien sa famille. (connaître)
우리는 그의 가족을 잘 알고 있다.

ⓓ Nous _____ très heureux de faire votre connaissance. (être)
알게 되어 반갑습니다.

ⓔ Vous _____ que c'est vrai? (croire)
그게 사실이라고 생각하세요?

ⓕ. Les Impressionnistes _____ la lumière. (peindre)
인상파(印象派) 화가들은 빛을 그린다.

ⓖ Ils _____ un café ensemble. (prendre)
그들은 같이 커피를 마신다.

ⓗ Vous _____ des crêpes ce soir? (faire)
오늘 저녁에 크레프를 만드시나요?

3 다음을 프랑스어로 옮기시오.

ⓐ 나는 전화를 받을 수 없다. 나는 머리를 감고 있다.
répondre au téléphone, se laver les cheveux

ⓑ 나는 석 달째 이 강의를 듣고 있다.
suivre le cours, depuis trois mois

ⓒ 나는 방금 점심을 먹었다.
venir de + inf.

ⓓ 나는 2분만 있으면 준비된다.
dans deux minutes

ⓔ 잠시 후 그는 사라질 것이다.
dans quelques instants

ⓕ 얼마 전부터 기다렸나요?
depuis combien de temps

ⓖ 나는 하루 두 번 이를 닦는다.
deux fois par jour

ⓗ 그들은 차를 밀고 있는 중이다.
être en train de + inf.

1 현재시제

패턴연습1 해답

1 ⓐ ils parlent ⓑ vous finissez ⓒ nous refusons ⓓ je te défends
ⓔ il réussit ⓕ tu réponds ⓖ tu tombes

2 ⓐ j'admets 나는 허용한다
ⓑ cet enfant dort 이 어린이는 잔다
ⓒ nous connaissons 우리는 알고 있다
ⓓ nous sommes 우리는 ~이다
ⓔ vous croyez 당신은 믿는다
ⓕ les Impressionnistes peignent 인상파 화가들은 그린다
ⓖ ils prennent 그들은 잡는다
ⓗ vous faites 당신은 한다

3 ⓐ Je ne peux pas répondre au téléphone/prendre le téléphone, je me lave les cheveux/je suis en train de me laver les cheveux.
ⓑ Je suis(← suivre) ce cours depuis trois mois/voilà/ça fait trois mois que je suis ce cours.
ⓒ Je viens de finir de déjeuner.
ⓓ Je suis prêt dans deux minutes.
ⓔ Il va disparaître dans quelques instants.
ⓕ Depuis combien de temps attendez-vous?
ⓖ Je me lave les dents deux fois par jour.
ⓗ Ils poussent la voiture/ils sont en train de pousser la voiture.

프랑스어의 역사

프랑스어는 한때 파리를 중심으로 한 일-드-프랑스(Ile de France)지방에서 사용되는 방언(francien)에 불과했다. 그러나 파리에 왕정이 들어서고 교육과 사법의 중심지로서 부각되는 한편 생 드니(Saint-Denis)의 대수도원이 왕국의 정신적인 지주 역할을 하게 되면서 프랑시앵(francien)은 프랑스의 국어가 될 수 있는 유리한 입지 조건을 갖게 되었다. 12~13세기 이후 프랑시앵은 프랑스의 중부 및 북부지방에서는 문어(文語)로, 그리고 지식인들에게는 구어(口語)로 사용되면서 점차 표준어로 인정받게 된다. 그러나 프랑시앵은 남부지방에서는 도시 상류 계층에서만 사용되었고 도심지에서 떨어진 지역까지 확산된 것은 19~20세기에 접어들어서야 가능했다. 프랑스어로 된 문헌으로는 9세기 후반에 쓰여진 것으로 추정되는 서정시 '성녀 율라리의 노래'(Séquence de Sainte Eulalie)가 전해지고 있다.

프랑스어의 발달 과정은 일반적으로 다음과 같이 크게 3단계로 구분된다
1) 고대 프랑스어(11~13세기)
2) 중세 프랑스어(13~16세기)
3) 근대 프랑스어(17~20세기)

르와르강 북부에서는 라틴어의 영향이 비교적 약했으므로 자연히 갈리아어가 다소 늦게까지 머물러 있었기 때문에 갈리아어의 발음 습관이 남아있게 있었다. 즉 자음군 -ct-가 고대 프랑스어에서 -χt-로 발음되었고 라틴어의 장모음u가 [y]로 발음된 것도 갈리아어의 영향으로 간주된다. 어휘에 있어서도 soc(쟁기의 날), ruche (벌통), chêne(떡갈나무) 등의 농촌 생활 용어들은 갈리아어에서 온 것으로 알려지고 있다. 프랑크족은 북부 프랑스 지역으로 이주, 정착했으며, 7~9세기에 걸쳐 약300년간 두 민족의 언어는 병존하여 사용되어 이 지역의 프랑스어는 프랑크족의 언어 습관에 크게 영향을 받았다. 발음에 있어서 현대 프랑스어에서는 자취를 감췄거나 일부 방언에서만 남아있는 게르만어의 h(honte'수치') 및 w(gue'얕은 여울') 등을 들 수 있으며, 약 500개 이상의 게르만 어휘는 귀족의 생활에서부터 농민의 일상 용어에 이르기까지 각 분야에 널리 퍼져 있다 (예 : maréchal '총사령관', blé '밀', gerbe '다발' 등). 갈리아족과 프랑크족 외에도 9세기경에 노르망디 지역에 진입한 노르만족의 영향으로 항해 및 어로작업 분야의 용어가 차용되었으며(예 : vague '파도', hune '전망대', turbot '가자미'), 이들은 프랑스어의 어휘에 커다란 특색을 부여했다. 11~12세기 고대 프랑스어의 모음 체계는 모음의 음소 및 2중, 3중모음의 수가 지나칠 정도로 많았다 (11개의 모음소, 12개 이중모음, 8개 비모음). 이 시기에는 자음의 모음화 현상이나 중자음의 단음화 현상도 일어나기 시작했다 (예 : 라틴어 factu '사실' > 고대 프랑스어 fait, corpus '몸, 신체'>corps,) 그러나 이 같은 특성이나 변화에도 불구하고 고대 프랑스어는 당시까지만 해도 다른 로망스어들과 큰 차이가 없었었다.

프랑스어 문법

2
복합과거

2 복합과거

1 용법

1 복합과거(passé composé)시제는 프랑스어의 구어와 생활 언어에서 사용되는 과거 시제이다. 이에 반해 단순과거(passé simple)는 문어체로만 쓰이며 회화에서는 사용되지 않는다.
"복합과거"라고 불리는 이유는 조동사 + 과거분사(p.p)이기 때문이다.

2 과거에서 완전히 종결된 사건에 대한 역사적인 기술을 위해서는 단순과거(passé simple)가 사용되지만 "현재"와 연결된 보다 최근의 일을 나타내기 위해서는 복합 과거를 사용한다.

2 형태

> **복합과거**
> avoir/être 조동사 + 과거분사(p.p)

1 과거분사의 형태는 다음과 같다.

a. -it
  dire>dit   말하다
  écrire>écrit   쓰다
  faire>fait   하다

b. -is

asseoir>assis	앉히다
mettre>mis	놓다
prendre>pris	잡다
acquérir>acquis	획득하다

c. -t

rire > ri	웃다
suivre > suivi	따라가다
suffire > suffi	충분하다
nuire > nui	방해하다

d. -u

▲ -voir
avoir > eu	갖다
recevoir > reçu	받다
devoir > dû	~해야 한다
pleuvoir > plu	비 오다
pouvoir > pu	~가 가능하다
savoir > su	알다
voir > vu	보다

▲ -loir
falloir > fallu	~해야 한다
valoir > valu	~가치가 있다
vouloir > voulu	원하다

▲ -re   boire > bu 마시다
         plaire > plu ~의 마음에 들다
         connaître > connu 알다, 사귀다
         paraître > paru ~처럼 보이다
         lire > lu 읽다
         vivre > vécu 살다

   -ir   courir > couru   달리다
         tenir > tenu   지니다
         venir > venu   오다
         vêtir > vêtu   옷 입히다

e. -rt
   couvrir > couvert   덮다
   offrir > offert   제공하다
   ouvrir > ouvert   열다
   mourir > mort   죽다

2 불규칙형 과거분사

   être > été   ~이다
   naître > né   태어나다
   clore > clos   닫다
   résoudre > résolu   해결하다

2 복합과거

3 조동사로 être를 사용하는 동사는 기본적으로 다음의 13개 자동사이다.

> aller 가다, arriver 도착하다, entrer 들어가다, monter 올라가다,
> naître 태어나다, retourner 돌아가다, tomber ~상태에 빠지다,
> venir 오다, partir 떠나다, sortir 외출하다, descendre 내려가다,
> mourir 죽다, rester 머물다

그리고 이를 기본으로 한 합성어들이다.
rentrer, revenir, devenir, survenir, ressortit.

그러나 위에 열거된 동사들 가운데에서도 타동사로 사용될 때 조동사를 avoir로 하는 동사들이 있다.

sortir ~를 꺼내다, monter ~을 올리다, descendre 내리다, rentrer 들여놓다

J'ai descendu la valise.
나는 가방을 내려놓았다.

Il a monté les bagages.
그는 짐을 올려놓았다.

Nous avons sorti les meubles.
우리는 가구들을 꺼냈다.

monter와 descendre는 다음과 같은 표현에서 목적어가 있는 타동사로 avoir 조동사를 쓴다.

J'ai descendu l'escalier.
나는 계단을 내려왔다.

Il a monté la rue.
그는 길을 따라 올라갔다.

4 대명동사의 과거분사 일치

과거분사의 일치에는 다음의 세 가지 유형이 있다.

- Elle s'est lavée 그녀는 씻었다.
이 경우에는 se(그녀 자신을)가 직접목적어이므로 lavée는 성·수에 일치시킨다.

- Ils se sont vus. 그들은 서로를 보았다.
 경우 se는 직접목적어이므로 과거분사(vus)는 성·수에 일치시킨다.

Ils se sont écrit.
그들은 서로에게 편지를 썼다.
이 때 se는 간접목적어로, 과거분사를 간접목적어(-에게)에 일치시키는 일은 없다.

- se repentir (회개하다), se souvenir de (기억하다) 같은 동사들에서는 과거분사를 주어에 일치시킨다.

Elles se sont souvenues de l'histoire.
그 여자들은 그 이야기를 기억한다.

5 복합과거가 의문이나 부정으로 사용될 때, 특히 어순에 주의해야한다.

Il n'est pas venu.
그는 오지 않았다.

Nous ne l'avons pas vu.
우리는 그를 보지 못했다.

L'avez-vous vu?
그를 보셨나요?

Ne l'avez-vous pas déjà fait?
그 일이 이미 된 것을 보지 못했나요?

패턴연습 2

1 괄호안의 동사를 복합과거 시제로 써보시오.

ⓐ Pendant l'été dernier je _____ une bonne connaissance du français parlé (acquérir).
지난 여름동안 나는 프랑스어 구사 능력을 갖게 되었다.

ⓑ Voilà un problème que nous ne_____ toujours pas (résoudre).
자, 이것이 우리가 계속 풀지 못했던 문제다.

ⓒ Albert Camus_____ en 1913 en Algérie (naître).
알베르 카뮈는 1913년 알제리에서 태어났다.

ⓓ Il _____ accidentellement en 1960 (mourir).
그는 1960년 사고로 죽었다.

ⓔ Mes copains me _____ une journée à Disneyland pour mon anniversaire (offrir).
내 친구들은 내게 생일 선물로 디즈니랜드에서 하루를 보내게 했다.

ⓕ Nous _____ du champagne au premier de l'an (boire).
우리는 새해 첫날에 샴페인을 마셨다.

ⓖ Ces incidents _____ à nos intérêts. (nuire).
이 사고들은 우리의 이익에 손실을 가져왔다.

ⓗ Nous ne pas _____ votre lettre (recevoir).
우리는 당신 편지를 받지 못했다.

2 다음을 복합과거로 다시 써 보시오.

ⓐ Nous allons au cinéma.
우리는 영화관에 간다

ⓑ Elle se regarde dans le miroir.
그녀는 거울에 스스로를 비추어본다.

ⓒ Ce sont des cadeaux que j'achète
내가 산 선물들이다.

ⓓ Voici les fleurs que je cueille.
내가 꺾은 꽃들이다.

ⓔ Elle se lave les cheveux.
그녀는 머리를 감는다.

ⓕ Elle se demande si c'est vrai.
그녀는 그것이 사실인지 생각해본다.

3 괄호안의 동사를 복합과거로 써보시오.

ⓐ Encore une fois tu _____ (se tromper).
또 한번 너는 실수했다.

ⓑ Aujourd'hui nous _____ en retard (se réveiller).
오늘 우리는 늦게 잠이 깼다.

ⓒ Elle _____ de partir (se dépêcher).
그녀는 서둘러 떠났다.

ⓓ Les enfants bien _____ (s'amuser).
어린이들은 잘 놀았다.

ⓔ Ils _____ des cartes de Noël (s'envoyer).
그들은 서로에게 크리스마스카드를 보냈다.

4 다음을 프랑스어로 옮기시오.

ⓐ 나는 우체국까지 달려갔다.
　courir, à la poste

ⓑ 그녀는 자기 방으로 올라갔다.
monter

ⓒ 그녀는 자신의 일로 상을 받았다.
obtenir un prix

ⓓ 그들은 매우 기분이 나빠졌다.
désagréable

ⓔ 우리는 그것들에 대해 심사숙고해 보았다.
réfléchir

ⓕ 나는 문을 닫지 않았다.

  fermer

5 주어진 동사들로 아래 글을 완성시켜 보시오.

> aller, arriver, comprendre, demander (3), dire (4), donner (3), entendre, faire, se mettre (2), pousser (2), raconter, réclamer, rentrer, serrer, tomber, venir

Cet après-midi, je ①_____ Arthur dans le bassin. Il ②_____ et il ③_____ à faire glou-glou avec sa douche, mais il criait aussi et on le ④_____ . Papa et maman ⑤_____ en courant. Maman pleurait parce qu'elle croyait qu'Arthur était noyé. Il ne l'était pas. Le docteur ⑥_____ . Arthur va très bien maintenant. Il ⑦_____ du gâteau à la confiture et maman lui en ⑧_____ . Pourtant, il était neuf heures, presque l'heure de se coucher quand il ⑨_____ ce gâteau, et maman lui en ⑩_____ quand même. Arthur était très content et très fier. Tout le monde lui posait des questions.
Maman lui ⑪_____ comment il avait fait pour tomber, s'il avait glissé et Arthur ⑫_____ que oui, qu'il avait trébuché. C'est chic à lui d'avoir dit ça.

오늘 오후에 나는 아르뛰르를 수영장 안으로 밀었다. 그는 빠졌고 입으로 "꾸르륵 꾸르륵" 소리를 내기 시작했고 소리치기도 했으며 사람들은 그의 소리를 들었다. 아빠와 엄마가 달려왔다. 엄마는 아르뛰르가 익사했다고 생각했기 때문에 울었다. 의사가 왔다. 아르뛰르는 지금 상태가 좋다. 그는 잼 케이크를 달라고 했고 엄마는 그에게 그것을 주었다. 하지만 잘 시간인 아홉시가 거의 되긴 했지만 아르뛰르가 달라고 하자 엄마는 그것을 주었다. 아르뛰르는 아주 만족해하고 자랑스러워했다. 모든 사람들이 그에게 질문을 했다. 엄마는 그에게 어떻게 빠지게 되었느냐고, 혹시 미끄러졌느냐고 물었고 아르뛰르는 그렇다고 대답했고 비틀거렸다고 했다. 그가 엄마에게 그렇게 말한 것은 멋진 일이다.

패턴연습2 해답

1 ⓐ J'ai acquis 나는 실력을 갖게 되었다

ⓑ nous n'avons toujours pas résolu 우리는 늘 해결하지 못했다

ⓒ Albert Camus est né 알베르 카뮈는 태어났다

ⓓ il est mort 그는 사망했다

ⓔ mes copains m'ont offert 네 친구들이 내게 주었다

ⓕ nous avons bu 우리는 마셨다

ⓖ ces incidents ont nui 이 사고들은 해를 끼쳤다

ⓗ nous n'avons pas reçu 우리는 받지 못했다

2 ⓐ Nous sommes allés au cinéma.

ⓑ Elle s'est regardée dans le miroir.

ⓒ Ce sont des cadeaux que j'ai achetés.

ⓓ Voici les fleurs que j'ai cuillies.

ⓔ Elle s'est lavé les cheveux.

ⓕ Elle s'est demandé si c'était vrai.

2 복합과거

3 ⓐ Tu t'es trompé(e) ⓑ nous nous sommes réveillés ⓒ elle s'est dépêchée
ⓓ les enfants se sont bien amusés ⓔ ils se sont envoyé.

4 ⓐ J'ai couru à / jusqu'à la poste.
ⓑ Elle est montée dans sa chambre.
ⓒ Elle a eu / obtenu un prix pour son travail.
ⓓ Ils / elles sont devenu(e)s très désagréables.
ⓔ Nous y avons pensé / réfléchi.
ⓕ Je ne l'ai pas fermée.

5 ① j'ai poussé ② Il est tombé ③ il s'est mis ④ l'a entendu. ⑤ sont arrivés
⑥ Le docteur est venu. ⑦ Il a demandé du gâteau à la confiture
⑧ lui en a donné. ⑨ il a réclamé ⑩ lui en a donné ⑪ Maman lui a demandé
⑫ Arthur a dit

라틴어의 영향

13세기부터 프랑스어는 심한 변화를 겪기 시작하게 되었다. 고대 프랑스어의 이중모음들이 단모음화(예 : uo>ö, ou>u)되었고 중자음들 또한 단음화 (ts, tŝ, dẑ>s, ŝ, ẑ)되었으며 대부분의 어말자음이 묵음화되었다. 14~15세기엔 비강세 이중모음 e가 소멸(예: sairement>serment '맹세')되었으며 모음의 중복을 회피하려는 현상(예 : aaise>aise '편함', eage>age'나이', reonde>ronde '원' 등)이 일어났다.

근대 프랑스어의 모음 체계는 다른 로망스어들 보다 다양한 모음소(16모음소)를 갖고 있다.(포루투갈어 14개, 스페인어 5개, 이탈리아어 7개, 루마니아어 7개). 즉 전설 a와 후설 α,e, i,o,u,ɛ,ɔ의 8개모음 외에도 전설 원순 모음인 y, ø ,œ와 4개의 비모음 및 ə모음으로 구성되었다. 16세기말에 이미 근대 프랑스어의 특성으로 간주되는 기본적인 변화가 일단락 지어졌는데 근대 프랑스어는 다른 로망스어들에 비해서 극단적으로 어형이 축소되었다(예 : 라틴어 pulice '벼룩'>포르투갈어 pulga, 스페인어 pulga, 카탈로니아어 pussa, 오일어 piuze, 프랑스어 puce[pys], 이탈리아어 pulce, 루마니아어 purece ; 라틴어 augustus '8월'>포르투갈어 agosto, 스페인어 agosto, 카탈로니아어 agost, 오일어 agost, 프랑스어 août[u], 이탈리아어 agosto, 루마니아어 august 등). 이와 같은 어형의 축소로 인해 끝에서 세 번째 음절에 악센트를 갖는 단어들과 끝에서 두 번째 음절에 악센트가 오는 단어들이 더 이상 존재하지 않게 되었고 주로 끝 음절에 악센트를 갖게 되어, 어말모음[ə]은 묵음이 되면서 단음절화하는 새로운 경향이 일어났다(예 : 라틴어 populus> pueble>peuple[pœ-plə]>peuple[pœpl]). 그리고 이중자음의 단순화와 어말자음의 소멸로 인해 전체 어휘의 80% 이상은 모음으로 끝나게 되었다. 그러나 그 후에 어말모음(-e)이 탈락하며, 남성 명사는 대부분 모음으로 끝나며 여성 명사는 자음으로 끝나게 되는 결과도 낳게 되었다. 끝음절의 소멸로 인해 소수의 명사들만이 복수 표지를 갖게 되었으며(예 : cheval[ʃəval] '말'/ chevaux[ʃəvo]), 대부분의 명사들은 발음에서 단수와 복수의 차이가 없게 되었다.(예 : livre[li:vr] '책'/ livres[li:vr]). 동사의 인칭어미도 발음에서는 더 이상의 변별력을 갖게되지 못하면서 (예 : je chante, il chante, ils chantent 모두 [ʃãt]로 발음), 비강세 인칭대명사가 일종의 접두어로 사용되는 현상이 일어났다.

인도 유럽어의 하나인 라틴어는 로마 제국의 공용어가 되었다가 여러 지방어로 나뉘어졌다. 이탈리아 남부에서는 그리스어가 있었고, 북부에서는 켈트족의 침략에 따라 켈트어가 있었다. 또 인도유럽어족이 아닌 에트루리아어는 독자적인 문화를 갖고 라틴어에 많은 단어를 제공했다. persona(>personne)를 그 예로 들 수 있다.

프랑스어 문법

3
반과거

3 반과거

1 용법

과거에 계속 ~ 하고 있었다(지속)
과거에 ~ 하곤 했었다 (습관)을 나타낸다.

1 ~하고 있었다. 나는 잠을 자고 있었다. (지속)
또는 나는 음반을 사곤했다 (습관적인 반복)

대부분의 경우 반과거(imparfait)는 과거에서 지속된 사건을 묘사한다.
시작과 끝부분은 불명확하지만 스토리 라인에 배경 역할을 한다.

Un jour il y avait un jeune homme qui n'était pas content du tout.
옛날에 어떤 일에도 만족해하지 못하는 젊은이가 있었다.

복합과거처럼 순간적인 과거와 달리 지속을 나타낸다.

Il parlait d'autre chose.
그는 다른 일에 대해 말하고 있었다.

Il était très mal assis.
그는 매우 힘들게 앉아있었다.

Il avait envie de pleurer.
그는 울고 싶었다.

2 반과거는 과거의 습관이나 반복을 나타내기도 한다.

De temps en temps le monsieur versait de l'eau.
이따금 그 분은 물을 뿌리곤 했다.

Toutes les cinq minutes le conférencier répétait.
5분마다 발표자는 말을 반복했다.

3 반과거 + depuis
과거에 시작되어 발화 시점까지 계속되는 동작을 나타낸다.

Depuis une heure trois quarts un gros monsieur parlait.
한 시간 45분 전부터 뚱뚱한 남자는 이야기하고 있었다.

[depuis + 현재] Il parle depuis une heure.
그는 한 시간 전부터 말하고 있다.

2 형태

반과거

je ...ais	nous ...ions
tu ...ais	vous ...iez
il/elle ...ait	ils/elles ...aient

1 어간(語幹)은 1인칭 복수(우리)를 기본으로 한다.

Nous avons, nous regardons, nous finissons

여기에 -ais, -ais, -ait, -ions, -iez, -aient를 붙이면 된다. Il y avait, parlait, souffrait, disaient, prenaient

2 être의 어간(語幹)은 불규칙하다.

j'étais, tu étais, il était, nous étions, vous étiez, ils étaient

3 어간이 c로 끝나면, 이 c는 a 앞에서 ç가 된다.

pinçait	집게로 집었다
recommençait	다시 시작했다

패턴연습 3

1 괄호안의 동사를 반과거로 활용해 보시오.

La plupart des garçons que je _____ (connaître) me _____ (sembler) disgracieux et bornés ; je _____ (savoir) pourtant qu'ils (appartenir) à une catégorie privilégiée. J' _____ (être) prête dès qu'ils _____ (avoir) un peu de charme ou de vivacité, à subir leur prestige. Mon cousin Jacques n'avait jamais perdu le sien. Il _____ (habiter) seul avec sa sœur et une vieille bonne dans la maison du boulevard Montparnasse et Il _____ (venir) souvent passer la soirée chez nous. A treize ans, il _____ (avoir) déjà des manières de jeune homme ; l'indépendance de sa vie, son autorité dans les discussions en _____ (faire) un précoce adulte et je _____ (trouver) normal qu'il me traitât(traiter 동사의 3인칭 단수 접속법 반과거) en petite cousine.

Simon de Beauvoir, *Mémoires d'une jeune fille rangée*

내가 알고 있던 대부분의 남자애들은 볼품없고 편협했다. 하지만 나는 그들이 특권층에 속한다는 것을 알고 있었다. 나는 그들이 조금의 매력이나 활기만 있다면 그들의 위엄을 받아들일 준비가 되어 있었다. 내 사촌 자크는 자신의 위엄을 잃는 일이 전혀 없었다. 그는 자기 누이 그리고 늙은 하녀와 몽파르나스 거리에 있는 집에서 살고 있었고 자주 우리집에서 저녁 모임을 갖기 위해 왔었다. 13세에 이미 그는 젊은 남자의 태도, 인생에 있어서의 독립을 알고 있었고 조숙한 성인처럼 굴며 토론에서 권위를 가져, 나는 그가 나를 어린 사촌으로 여기는 것이 당연하다고 생각했다.

시몬느 드 보봐르, 〈단정한 소녀의 회상〉

2 <보기>와 같이 문장을 다시 써보시오.

<보기> Je ne mange jamais de viande (adolescent, plat préféré: steak-frites)
Je ne mange jamais de viande, mais quand j'étais adolescent, mon plat préféré était le steak-frites

ⓐ Cette année j'ai un peu d'argent parce que j'ai travaillé au supermarché.
(l'an dernier, pas de travail, pas d'argent)
금년에는 수퍼마켓에서 일이 있어서 돈이 좀 있다. 지난 해에 나는 일이 없어서 돈도 없었다.

ⓑ Aujourd'hui c'est son anniversaire. (il y a un an, fêter ses dix-huit ans)
오늘은 그의 생일이다. 지난 해 그는 18세 생일을 맞았다.

ⓒ Cette semaine j'ai le temps d'aller au cinéma. (la semaine dernière, écrire une dissertation)
이번 주에 나는 영화를 보러 갈 시간이 있다. 지난 주에 나는 논문을 썼다.

ⓓ Maintenant beaucoup de gens ont un magnétoscope.
(il y a vingt ans, chose rare)
지금 많은 사람들이 비디오 기계를 갖고 있다. 20년 전에 비디오 기계는 상당히 희귀한 것이었다.

ⓔ Maintenant je peux conduire la voiture de mon pére.
(l'an dernier, pas de permis)
지금 나는 차를 운전할 줄 안다. 지난 해에 나는 면허가 없었다.

3 반과거

3 다음을 프랑스어로 옮기시오.

ⓐ 눈은 땅을 덮고 있었고 얼어있었다.
  couvrir, geler

ⓑ 그녀는 어릴 때 이 집에 살았다.
  Quand elle était ...

ⓒ 그녀가 전화했을 때 나는 깊이 잠들어 있었다.
  dormir à poings fermés

ⓓ 그는 매일 정오에 파스티스(pastis)를 마셨다.
  (파스티스: 아니스 향료를 넣어 만든 술)
  tous les jours à midi

ⓔ 그것이 나라면, "아니오" 라고 했을 것이다.
  Si c'était...

ⓕ 내가 더 어렸을 때, 자주 할머니 댁에 갔었다.
  Quand j'étais plus jeune

ⓖ 그는 그것을 보내기에 너무 늦었다고 말했다.
  trop tard pour

ⓗ 그녀는 거의 두 시간 동안 대합실에서 기다렸다.
  ça fait/ il y a que ...

ⓘ 그녀는 옷을 입으며 길에 차가 한 대 있는 것을 알아차렸다.
s'habiller, remarquer

패턴연습3 해답

1 ① je connaissais ② me semblaient ③ je savais ④ ils appartenaient ⑤ j'étais ⑥ ils avaient ⑦ il habitait ⑧ il venait ⑨ il avait ⑩ en faisaient ⑪ je trouvais

2 ⓐ mais l'an dernier je n'avais pas de travail donc je n'avais pas d'argent.

ⓑ il y a un an il/on fêtait ses dix-huit ans.

ⓒ la semaine dernière j'écrivais ma dissertation.

ⓓ il y a vingt ans c'était une chose assez rare.

ⓔ l'an dernier je ne pouvais pas le faire, je n'avais pas de permis.

3 ⓐ La neige couvrait le sol et il gelait.

ⓑ Quand elle était petite elle habitait (dans) cette maison.

ⓒ Je dormais à poings fermés quand elle a téléphoné.

ⓓ Il buvait un/du pastis tous les jours à midi.

ⓔ Si c'était moi, je dirais non!

ⓕ Quand j'étais plus jeune, j'allais souvent chez ma grand-mére.

ⓖ Il a dit que c'était trop tard pour l'envoyer.

ⓗ Cela faisait/il y avait presque deux heures qu'elle était dans la salle d'attente.

ⓘ Pendant qu'elle s'habillait, elle a remarqué qu'il y avait une voiture dans l'allée.

프랑스어의 진화

Gaulois)으로 오늘날 프랑스인의 조상이 된다. 그러나 갈리아어에 대해 알려진 것은 몇몇 농사 계통의 단어와 나무, 새의 이름뿐이다. 그것에 비해 4세기부터 7세기까지 프랑스 동북부에 들어온 프랑크족은 일상적인 기본어의 표현을 상당수 남기며 프랑스어에 상당한 영향을 미쳤다고 할 수 있다. 갈리아어는 문자가 없는 언어였기 때문에 아무 것도 남기지 못했고 게르만 계통의 언어도 프랑스어의 형성에는 크게 작용하지 못했다. 물론 가장 중요한 영향을 끼친 것은 대중 라틴어(latin vulgaire)였다. 프랑스어의 역사에서 종족적인 혈통과 언어 전수와의 관계는 상대적으로 낮은 반면 정치, 사회적 현실은 언어형성에 지배적인 영향을 미쳤다.

카이사르가 기원전 59~51년에 걸쳐 갈리아 정복을 끝내면서 갈리아에서는 모든 분야의 로마화가 시작되었다. 제일 먼저 갈리아에 들어온 사람들은 군인이었고, 그 다음에 관리와 상인들이 뒤따랐는데 그들이 가져온 것이 라틴어였다. 라틴어라고는 하지만 로마의 학자들이 사용하던 고전 라틴어나 식자어가 아니었다. 그것은 민중 라틴어(latin populaire)라고 부르는 로마의 식민지에서 주로 쓰이던 공용어였다. 강요는 없었어도 행정용어로 쓰였고 학교교육과 상거래에서 그리고 상류계층에서 쓰이면서 확대되었다. 로마의 통치하에서 갈리아 사회는 부락단위의 농경사회에서 조직화된 집단사회로 전환해야 했고 또 토착 갈리아어는 문자가 없는 언어였기 때문이다.

3세기 후반부터는 알라만(Alamans)족과 프랑크(Francs)족이 동북부로부터 대규모로 몰려오게 되면서 갈리아어는 결정적인 타격을 입게 되었다. 농촌에서는 농민들이 대거 도시지역으로 이주하면서 갈리아어를 더 이상 사용하지 않게 되었다. 5세기경부터 갈리아어는 사라지고 말았다. 그러나 게르만 계통의 언어가 갈리아의 민중 라틴어를 몰아내지 못한 것은 로마화된 갈리아의 문화와 문명에 비해 게르만의 문화 수준이 낮아서 침입자들의 언어가 현지의 문화에 동화되었기 때문이다. 그러나 게르만 계통의 언어들은 6세기에서 11세기에 이르기까지 갈리아 북부에서 오늘날 프랑스어의 직접 조상이 되는 로망스어와 나란히 사용되며 프랑스어 형성에 상당한 영향을 끼쳤다.

프랑스어 문법

4
대과거

4 대과거

1 용법

대과거란 ~였었다.
즉 과거의 어느 시점 보다 더 먼저 일어난 과거의 행위/상태를 말한다.
plus-que-parfait 는 "쁠뤼스 끄 빠르페"로 발음된다.

J'ai vu hier le monsieur que vous m'aviez présenté l'autre jour.
나는 당신이 일전에 제게 소개해주신 분을 어제 보았습니다.

Le train était déjà parti quand nous sommes arrivés à la gare.
우리가 역에 도착했을 때 열차는 이미 떠났었다.

Il nous a dit qu'il avait été malade.
그는 우리에게 아팠었다고 말했다.

2 형태

다른 과거의 동작 이전에 일어난 동작을 나타내며 프랑스어의 구어와 문어에 모두 사용된다.

> **대과거**
> avoir/être 조동사의 반과거 + 과거분사

aimer (좋아하다, 사랑하다)의 대과거

j'avais aimé	nous avions aimé
tu avais aimé	vous aviez aimé
il avait aimé	ils avaient aimé

sortir (나가다, 외출하다)의 대과거

j'étais sorti(e)	nous étions sorti(e)s
tu étais sorti(e)	vous étiez sorti(e, s, es)
il était sorti	ils étaient sortis

1 대과거의 수동태

같은 방법으로 être + 과거분사로 만든다.

Il n'avais pas été admis.
그는 합격하지 못했었다.

2 과거분사의 일치

이에 대한 규칙은 복합과거에서와 같다.
Quand, lorsque, dès que 그리고 반과거와 더불어 과거에 연계적으로 이뤄지던 습관을 나타내기도 한다.

Quand elle *était rentrée* du travail, elle s'occupait des enfants.
그녀는 퇴근하고 돌아와 아이들을 돌보곤 했다.

3 〈Si + 대과거〉는 과거 사실에 대한 가정을 나타낸다.

Si j'avais fait attention, je ne serais pas tombé dans ce trou.
내가 조심했다면 이 구멍에 빠지지는 않았을 것이다.

4 간접화법에서 주절 동사가 과거일 때 과거의 일을 나타내기 위해 대과거를 사용한다.

Il a dit qu'il avait fait ses études.
그는 자신이 공부했다고 말했다.

5 과거의 습관 가운데 앞선 동작을 나타낸다.

Quand nous avions dîné, nous allions nous promener dans le parc.
우리는 저녁 식사 후에 공원을 산책하곤 했다.

패턴연습 4

1 괄호안의 동사를 대과거로 써보시오.

ⓐ Nous _____ (sortir) par la porte de derrière.
우리는 뒷문으로 나갔었다.

ⓑ Il _____ (s'asseoir) à sa place habituelle.
그는 늘 앉던 자리에 앉았었다.

ⓒ Je _____ (dormir) dans le train.
나는 열차에서 잠들었었다.

ⓓ Malgré nos efforts il _____ (devenir) insupportable.
우리의 노력에도 불구하고 그는 못 말리는 인간이 되었다.

ⓔ Il _____ (courir) plus d'un kilomètre.
그는 1킬로 이상을 달렸었다.

2 괄호안의 동사를 대과거로 활용해 보시오.

Cette phase de sa vie maintenant _____ (se terminer). Elle se souvenait quand elle _____ (arriver) comme elle _____ (trouver) difficile de s'adapter à la vie au collège et pourtant comme le temps _____ (passer) vite! Maintenant elle _____ (obtenir) son premier poste. Elle _____ (boucler) sa valise et elle _____ (faire) ses adieux à ses anciens compagnons. Demain, la nouvelle vie!

그녀의 인생에 있어서 이 단계는 지금 끝났다. 그녀는 처음 도착했을 때 중학교 생활에 적응하기가 얼마나 힘들었는지 회상해보았지만 얼마나 시간은 빨리 흘렀던가! . 지금 그녀는 첫 직장을 구했다. 그녀는 짐을 꾸리고 옛 동료들에게 작별 인사를 했다. 내일이면 새로운 삶이다.

3 <보기>와 같이 답해보시오.

<보기> Tu avais faim? (manger, avant) > Non, j'avais mangé avant.

ⓐ Tu as rencontré quelqu'un? (tous, partir)
누구를 만났니? 아니, 그들은 모두 이미 떠났어.

ⓑ Tu avais froid? (emporter, anorak)
너는 추웠니? 아니, 나는 파카를 갖고 왔어.

ⓒ Vous êtes allés à l'exposition? (déjà, prendre fin)
너희들은 전시회에 갔었니? 아니, 전시회는 이미 끝났어.

ⓓ Vous étiez debout? (apporter, chaises supplémentaires)
서있었나요? 아니오, 그들은 보조 의자들을 갖고 왔습니다.

ⓔ Il disait la vérité? (encore, mentir)
그는 진실을 말했나요? 아니오, 그는 계속 거짓말을 했습니다.

4 다음을 프랑스어로 옮기시오.

ⓐ 그녀는 그가 발전했다고 생각했다.
　　faire des progrès

ⓑ 나는 이 소문들을 알고 있었다.
　être au courant, rumeur

ⓒ 우리는 시간이 더 있었으면 그 일을 했을 것이다.
　(Si+ 대과거, 조건법 과거)

ⓓ 그들은 이야기를 했었다.
　raconter

ⓔ 그것들은 내가 산 꽃들이었다.
　que j'avais ...

ⓕ 그것이 경우에 맞는 일이었다면, 나는 반대하지 않았을 것이다.
　être le cas, avoir d'objections

패턴연습4 해답

1 ⓐ nous étions sortis ⓑ il s'était assis ⓒ j'avais dormi
ⓓ il était devenu ⓔ il avait couru

2 s'était maintenant terminée, elle était arrivée, elle avait trouvé, le temps avait passé, elle avait fini, elle avait obtenu, elle avait bouclé, elle avait fait

3 ⓐ Non, ils étaient tous partis.
ⓑ Non, j'avais emporté un anorak.
ⓒ Non, elle avait déjà pris fin.
ⓓ Non, ils avaient/on avait apporté des chaises supplémentaires.
ⓔ Non, il avait encore menti.

4 ⓐ Elle pensait qu'il avait fait des progrès.
ⓑ J'avais été conscient/on avait apporté des chaises supplémentaires.
ⓒ Si nous avions eu plus de temps, nous l'aurions fait.
ⓓ Ils avaient raconté des histoires.
ⓔ C'étaient les fleurs que j'avais achetées.
ⓕ Si cela avait été le cas, je n'aurais pas eu d'objections.

고대·중세 프랑스어

496년 프랑크족의 메로빙거(Mérovingiens) 왕조가 성립 된 후 클로비스(Clovis) 왕은 게르만의 언어와 신앙을 버리고 카톨릭으로 개종하며 언어도 갈리아의 라틴어를 채택했다. 그러나 라틴어는 사회의 변화와 여러 민족과의 교섭을 통해 무질서한 변모를 계속하면서 이전에 사용되던 라틴어와는 다른 언어로 변했다. 그 언어를 로망스어(le roman)라고 부른다. 그후 732년에 카롤링거(Carolingiens) 왕조가 새로이 들어서며 퇴화한 라틴어인 로망스어와 고전 라틴어의 괴리가 커지며 교회와 공식기관 뿐만 아니라 지식층에서는 로망스어를 천박하고 신뢰하기 어려운 언어로 간주하며 고전 라틴어를 다시 학문, 교회, 행정을 위한 공식 언어로 채택했다.

샤를마뉴 대왕의 뒤를 이은 루이(Louis)가 840년에 죽은 후 그의 세 아들은 천하를 3등분하여 장남 로테르(Lothaire)가 로렌을 중심으로 한 중부를, 차남 루이(Louis)가 독일쪽 그리고 샤를르(Charles)가 프랑스 쪽을 맡게 되었다. 그러나 842년에 루이와 샤를르는 서로 협력을 다짐하는 서약을 하고, 믿을 수 없는 큰형의 영토를 협공하여 멸망시켰다. 그때의 오일(Oil)어 서약문이 게르만어로 번역되어 전해지고 있다. "스트라스부르의 서약(Serment de Strasbourg)"이라고 불리우는 이 문서는 최초의 로망스어 기록으로 귀중한 자료이다.

987년 위그 카페(Hugues Capet)가 왕이 되면서 카페왕조가 성립되지만 지방 봉건제후들의 세력 또한 막강했다. 각 지방은 독특한 문화와 서로 약간씩 다른 언어를 가지고 있었다. 고대 프랑스어는 오늘날 프랑스 북부 여러 지방에서 쓰인 프랑스어를 전반적으로 지칭하고 있다. 그러나 시간이 흐르며 왕실을 중심으로 한 일-드-프랑스(Ile de France) 지방의 언어 엿던 프랑스앵(le francien)은 교회의 후원과 함께 국어로서의 위상을 높이게 되었고 근대 프랑스어의 모체가 된다.

14세기에서 16세기말에 이르는 기간은 프랑스가 시련을 겪은 시기이다. 영국과의 100년 전쟁, 그 후 이탈리아 전쟁, 국내의 종교 분쟁, 흑사병의 창궐과 농업의 부진으로 인한 경제적인 어려움 등이 잇달았다. 그러나 15세기 후반의 이탈리아 전쟁은 찬란한 르네상스를 발견하게 하여 16세기부터 프랑스의 문예부흥을 일으키게 한다. 일단 젊은이들이 플레이야드(Pleïade) 그룹을 형성해 문학운동을 전개하려 했지만 곧 프랑스어의 빈약함을 깨닫게 된다. 그래서 1549년 "프랑스어의 옹호와 현양(Défense et illustration de la langue française)"이라는 선언문을 만들어 문학장르의 개발과 함께 격조 높은 문장 구사를 위해 프랑스어의 어휘, 표현상의 문제에 대한 구체적인 극복 방안을 제시했다. 예컨대 명사와 형용사의 품사 전환, 부정법을 명사로, 형용사를 부사로 사용하기 등의 시도와 함께 고어, 방언, 전문용어 등으로 프랑스어의 어휘를 풍요롭게 했다.

프랑스어 문법

5
단순과거

5 단순과거

1 용법

"~였다"를 뜻하는 문어체 과거이다. 회화체에서는 사용되지 않으나 독해를 위해서는 필요하니 형태를 잘 알아두기 바란다.

다음과 같이 역사 속에서의 과거를 나타내는 문어체 과거이다.

La Révolution française éclata en 1789.
프랑스대혁명은 1789년에 일어났다.

Le voleur entra dans la chambre, prit l'argent sur la table et s'enfuit.
도둑은 방에 들어와 탁자에 놓인 돈을 갖고 달아났다

단순과거(passé simple)는 과거에 완전히 종결된 동작을 나타내며 문어체로 사용되는 시제이다. 회화에서는 거의 사용되지 않아 복합과거(passé composé)와 비교될 수 있다. 소설에서 나레이션으로 그리고 신문이나 시사잡지 등에서 쓰이고 있다.

단순과거와 복합과거가 같이 사용되는 일도 많은데 이때 단순과거는 과거에 완전히 종결된 반면 복합과거는 그 영향이 현재에도 계속된다고 할 수 있다.

Après cette affaire le ministre démissionna et la paix est maintenatnt revenue dans ce secteur de la vie publique.
이 일이 있고나서 그 장관은 사임했고 지금은 공공생활에서 다시 평화가 돌아왔다.

다음과 같이 문학적 표현에서 서사(敍事)적 표현을 위해 사용되기도 한다. 이 때에도 정경이나 묘사는 반과거를 주로 사용한다.

Tout à coup le vent fraîchit. La montagne devint violette: c'était le soir
갑자기 바람이 신선해졌다. 산은 보라색이 되었다. 그때는 저녁이었다.

2 형태

1 ~ai 형 (1군동사 +aller)

entrer (들어가다)동사의 단순과거

j'entrai	nous entrâmes
tu entras	vous entrâtes
entra	ils entrèrent

2 ~is형 (2군동사)

prendre(잡다)의 단순과거

je pris	nous prîmes
tu pris	vous prîtes
il prit	ils prirent

3 ~us형

recevoir(받아들이다) 단순과거

je reçus	nous reçûmes
tu reçus	vous reçûtes
il reçut	ils reçurent

불규칙 동사들

* être ; je fus, tu fus , il fut , nous fûmes, vous fûtes, ils furent
  avoir ; j'eus, tu eus, il eut, nous eûmes, vous eûtes, ils eurent
  venir ; je vins, tu vins, il vint, nous vînmes, vous vintes, ils vinrent

패턴연습 5

1 다음 문장들을 단순과거로 다시 써보시오.

ⓐ Je suis allé à Rome.
나는 로마에 갔다.

ⓑ Elle a fini d'écrire sa lettre.
그녀는 편지 쓰기를 마쳤다.

ⓒ Ils sont venus me chercher.
그들은 나를 찾으러 왔다.

ⓓ Il a été charmant avec les dames.
그는 부인들 속에서 매력적이었다

ⓔ J'ai parlé très fort.
나는 크게 말했다.

2 단순과거로 공란을 채워보시오.

Nos voisins nous _____ (regarder) sans discrétion. Je me _____ (voir) dans la glace du pilier, violette et décoiffée. Je _____ (rabattre) le col de mon manteau, et dans le même temps où je faisais ce geste, je _____ (prendre) conscience de ma singularité. J'étais avec un Algérien. Il avait fallu le regard des autres, l'expression du garçon qui prenait la commande pour que je m'en rendisse compte. Une panique soudaine me _____ (traverser), mais Arezki me dévisageait et je _____ (rougir), craignant qu'il ne devinât mon trouble.

'Vous prenez quoi?'

'Comme vous' _____ (dire) - je stupidement.

'Un thé chaud?'

Il ne paraissait pas plus à son aise que moi.

> 우리 주위 사람들은 거리낌 없이 우리를 쳐다보았다. 나는 기둥에 있는 거울에, 보랏빛으로 머리가 헝클어진 나를 비추어보았다. 나는 외투의 깃을 내렸고 내가 이 동작을 하는 동안 나는 내가 이상하다는 것을 알아차렸다. 나는 알제리인과 같이 있었다. 다른 사람들의 시선과 웨이터의 주문받는 표현은 내가 이해해야 했다. 갑작스런 큰 고통이 나를 관통했고 아레즈키는 내 얼굴을 뚫어져라 쳐다봤으며 나는 큰 문제가 될 것을 우려하며 얼굴이 빨개졌다. 뭘로 드실래요? 당신과 같은 걸로. 나는 바보처럼 말했다. "뜨거운 차?"
>
> 그는 나보다 더 이상 편안해 보이지는 않았다.

3 단순과거를 이용해 다음을 프랑스어로 써보시오.

ⓐ 그녀는 오후 5시에 외출했다.
   sortir

ⓑ 나는 에리카에게 전화했지만 그녀는 없었다.
   appeler q·n

5 단순과거

ⓒ 그녀는 생각 없이 문을 열었다.
   sans réfléchir

ⓓ 그는 그 다음날 죽었다.
   le lendemain

ⓔ 그들은 어두워지고 나서 돌아왔다.
   être de retour

ⓕ 그녀는 잠이 깨고 눈을 떴다.
   se réveiller

ⓖ 마침내 그들은 집으로 돌아갈 수 있었다.
   pouvoir, rentrer

4 단순과거와 반과거 시제를 이용해 빈칸을 채워보시오.

  Son père avait été tué dans une querelle, par un jeune homme du même pays _____ (dire)-on : et Sainte-Lucie était resté seul avec sa soeur. Ce _____ (être) un garçon faible et timide, petit, souvent malade, sans énergie aucune. Il ne _____ (déclarer) pas la vendetta(집안의 살인사건 등의 피해에 대한 복수) à l'assassin de son père. Tous ses parents le _____ (venir) trouver, le _____ (supplier) de se venger; il _____ (rester) sourd à leurs menaces et à leurs supplications.

  Alors, suivant la vieille coutume corse, sa soeur, indignée, lui _____ (enlever) ses vêtements noirs, afin qu'il ne portât pas le deuil d'un mort resté sans vengeance. Il _____ (rester) même insensible à cet outrage, et, plutôt que de décrocher le fusil encore chargé du père, il _____ (s'enfermer), ne

프랑스어 문법 ··· 67

(sortir) plus, n'osant pas braver les regards dédaigneux(경멸하는) des garçons du pays.

Maupassant, *Un bandit corse*

그의 아버지는 싸움에서 같은 지방의 청년에게 살해당했다고 사람들은 말했다. 쌩뜨 뤼시는 자기 누이와 같이 홀로 있었다. 그는 약하고 내성적이었으며 작고 자주 아픈 어떤 활기도 없는 소녀이었다. 그는 자기 아버지의 살해범에 대한 복수를 선언하지 않았다. 그의 모든 친척들은 그를 찾아와 그에게 복수하라고 간청했다. 그들은 협박이나 애원에도 그는 못 들은 척했다. 한편 코르시카의 오랜 관습에 따라 분노한 그의 누이는 복수를 않고 장례를 치르지 못하게 하려고 그에게서 검은 옷을 벗겼다. 이 같은 지나친 행동에도 그는 아직 아버지 몫인 총을 벗겨내기 보다는 같은 지역 청년들의 경멸에 찬 시선을 마주할 용기가 없어서 들어박혀 나오지 않았다.

5 단순과거 시제로 완성시켜 보시오.

ⓐ Dès qu'elle _____ (se présenter) tout le monde la regarda.
그녀가 소개하자 모든 사람이 그녀를 보았다.

ⓑ On mangea et but beaucoup après que la maîtresse de maison _____ (partir).
그 집 주부가 떠나고 나서 우리는 많이 먹고 마셨다.

ⓒ A peine elle _____ (claquer) la porte qu'elle se le reprocha.
그녀는 문을 쾅 닫고 그를 비난했다.

5 단순과거

ⓓ Ils partirent aussitôt qu'ils _____ (recevoir) le message de détresse.
그들은 비통한 메시지를 받자마자 떠났다.

ⓔ La cérémonie commença quand le roi _____ (s'asseoir).
왕이 앉자 행사는 시작되었다.

ⓕ Lorsqu'ils _____ (faire) leur sieste, ils ouvrirent le magasin.
그들은 낮잠을 자고 나서 가게를 열었다.

6 단순과거, 전과거 시제를 이용해 다음을 프랑스어로 써보시오.

ⓐ 그녀는 그것을 이미 말했지만 아무도 믿지 않았다.
personne ....ne

ⓑ 그의 배낭은 5분 만에 준비되었다.
en cinq minutes

ⓒ 그 사람이 자신의 이유를 설명하자 그녀는 더 이해하는 태도를 보였다.
se montrer/être, compréhensive

ⓓ 그것이 그렇게 중대한 문제인지 나는 깨닫지 못했었다.
se rendre compte, critique/crucial

ⓔ 그의 계약이 끝나자마자 그들은 빠리에 갔다.
contrat fur terminé

ⓕ 그 결과가 발표되자 분노는 바로 치솟았다.
la colère, publier

패턴연습5 해답

1 ⓐ J'allai, ⓑ Elle finit, ⓒ Ils vinrent, ⓓ Il fut, ⓔ Je parlai,

2 Nos voisins nous regardèrent, je me vis, je rabattis, je pris, une panique soudaine me traversa, je rougis, dis-je,

3 ⓐ Elle sortit à cinq heures de l'après-midi.
그녀는 오후 5시반에 외출했다.
ⓑ J'appelai Erica mais elle n'était pas là.
나는 에리카를 불렀지만 그녀는 없었다.
ⓒ Elle ouvrit la porte sans réfléchir.
그녀는 아무 생각 없이 문을 열었다.
ⓓ Il mourut le lendemain.
그는 그 다음날 죽었다.
ⓔ Ils furent de retour après la tombée de la nuit.
그들은 어두워지고 나서 돌아왔다.
ⓕ Elle se réveilla et ouvrit les yeux.
그녀는 잠을 깨고 눈을 떴다.
ⓖ Ils purent enfin rentrer chez eux.
그들은 마침내 자기들 집으로 돌아올 수 있었다.

4 disait-on ; c'était un garçon ; il ne déclara pas ; vinrent le trouver; le supplièrent; il restait; lui enleva ses vêtements; il resta; il s'enferma; ne sortit plus;

5 ⓐ se fut présentée, ⓑ fut partie, ⓒ eut-elle claqué, ⓓ eurent reçu, ⓔ fut assis, ⓕ eurent fait

6 ⓐ Elle l'avait déjà dit mais personne ne la croyait/ne l'avait crue.
ⓑ Son sac fut prêt en cinq minutes.
ⓒ Elle se montra/fut plus comprèhensive après qu'il eut expliqué ses raisons.
ⓓ Je ne m'étais pas rendu compte/je n'avais pas réalisé que c'était si critique/crucial.
ⓔ Ils allèrent à Paris dès que son contrat fut terminè.
ⓕ La colère monta aussitôt que les résultats furent publiés.

국내 언어의 단일화

16세기의 플레이야드 운동은 프랑스어 어휘를 풍요롭게 하며 문화 발전에 크게 기여하게 하는 한편 여러 가지 요소들이 편입되어 프랑스어의 순수성을 잃게 했다. 17세기에는 이에 대한 반성이 자연스럽게 일어났고 시인 말레르브(Malherbe)는 이 문제를 강력하게 들고 나왔다. 첫째는 데카르트(Descartes)의 「방법서설(Discours de la Méthode)」에 잘 나타난 것 처럼 17세기에 들어서는 프랑스어의 통사적인 기틀이 완전하게 잡히게 된다. 물론 16세기에 쓰여진 아미요(Amyot)의 「플루타크 영웅전(les vies parallèles)」과 몽테뉴의 「수상록(les Essais)」도 통사적 질서를 확립하는데 기여했다고 평가되고 있다.

리슐리외(Richelieu) 추기경의 아카데미 프랑스(Academie Française) 설립은 대대적인 프랑스어 사전 편찬을 가능하게 했다. 각 분야를 대표하는 아카데미 회원들이 매주 모여 발음, 문법, 표현 등의 문제를 논의함으로써 프랑스어 발전에 중요한 역할을 담당하게 되었다.

얀센파 수도사들이 세운 수도원인 포르 루아얄(Port Royal)의 학자 드 사시(de Sacy), 니꼴(Nicole), 아르노(Amauld) 등이 수도원에서의 교육을 위하여 만든 「일반이성문법(Grammaire générale et raiosnnée)」(1660)은 이론적 독창성과 함께 데카르트의 합리주의에 따른 프랑스어의 논리성 규명과 확립에 중요한 역할을 했다.

17세기에는 사회의 안정에 따라, 문학 언어에서 자연스러움과 규범적 적합성이 강조되었고 프랑스어는 더욱 순화되며 고전적인 성격도 갖추게 되었다. 위의 사실들은 말레르브에서 1720년대의 필립 도르레앙(Philippe d'Orléans)의 섭정 시대까지 이어지는 근대 프랑스어 전반기의 언어 형성과 발전에 긍정적으로 작용했다. 그러나 프랑스어의 문어적인 성격이 강화되면서 프랑스어는 본래의 구어적인 언어에서 문학어로 격조가 높아지기도 했지만 문어와 구어는 차이가 더욱 커지는 현상을 빚기도 했다. 고전주의 연극의 대사에서도 현실 상황을 잘 반영하는 구어적 대화는 거의 제거되었고, 연구의 대상에서도 구어는 제외되었다. 특히 어휘적인 면에서 이른바 "점잖은" 어휘만을 사전 편찬 목록에 수록시키며 언어를 순화시키고자 한 것은 프랑스어 어휘의 풍요로움을 약화시키는 결과를 가져왔다.

. 18세기에 들어서는 프랑스어에 많은 변화가 있었다. 필립 도를레앙의 섭정기 이후 프랑스는 계몽주의자들이 활약하는 무대가 된다. 정치, 경제, 사회에 관련되는 학술활동이 활발히 전개되면서 자연히 그에 관계되는 어휘가 영국을 비롯한 외국에서 차용되기도 하고 조어 원칙에 따라 새로 생겨나기도 했다. 그 뿐만 아니라 자연과학에 대한 지식이 보편화되면서 그 분야의 어휘도 일반화되었다. 볼테르와 루소, 디드로와 달랑베르, 몽테스키외 등의 백과전서는 무엇보다 프랑스어의 발전에 크게 기여했으며 그들의 영향에 의해 1789년에 일어난 프랑스 대혁명은 그 이전까지 소수의 지배 계층이 행사하던 권위주의 통제를 전복시키며 문어위주의 고전주의적 언어 모형도 바꾸어 놓게 되었다.

프랑스어 문법

6
미래와 전미래

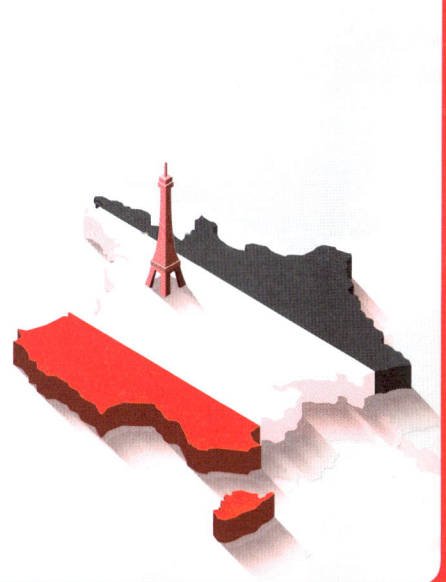

6 미래와 전미래

1 용법

미래는 "앞으로 ~ 하겠다"를 나타내고
전미래는 "미래 어느 시점에는 완료되어 있을 것"을 나타낸다.
예컨대 오후 6시에는 이 리포트를 완성해 둘 것이다.

1 Tu feras bien attention, hein?
[조언] 너 조심해야 한다, 알았지?

Vous pourrez lui passer un coup de fil?
[요청] 그에게 전화해주실 수 있습니까?

Tu n'oubliera pas de passer à la poste.
우체국에 가는 것 잊지 않았지?
(요청을 이같이 부정을 이용하는 수도 있다)

Nous entrerons en vacances dans dix jours.
우리는 열흘 후에 휴가가 시작된다.

Vous me ferez ce devoir pour demain.
[명령] 내일까지 이 과제를 나에게 제출하세요.

2 미래는 quand, lorsque, aussitôt que, dès que, pendant que, tandis que 와 같은 접속사와 함께 쓰일 수 있다.

Quand il sera 9 heures, il sera temps de commencer.
9시가 되면 시작할 시간일 것이다.

Pendant qu'elle regardera les nouvelles, je ferai à manger.
그녀가 뉴스를 보는 동안, 나는 식사를 준비할 것이다.

3 **Si+현재, 주절동사는 미래 구문**

Si tu viens me chercher, on ira au cinéma.
네가 나를 찾아오면 우리는 같이 영화관에 갈 것이다.

4 간접화법에서 주절이 현재일 때

penser que, croire que, espérer que, savoir que 다음에 미래형이 자주 사용된다.

Il dit qu'il ira en voiture.
그는 차를 타고 가겠다고 말한다.

Je sais qu'elle fera de son mieux.
나는 그녀가 최선을 다할 것으로 알고 있다.

5 "~임에 틀림없다"라는 의미로 사용되기도 한다.

Tiens, Corinne qui passe ! Elle ira sans doute à la piscine.
저기! 코린이 지나간다. 수영장에 가는 것이 분명하다.

6 과거에 일어난 일이지만 다음과 같이 미래형으로 묘사되는 경우도 있다.

Parti à la découverte de l'Indochine Khmère au début des années 20, André Malraux entrera en contact avec les révolutionnaires communistes en 1925. Il restera chef de maquis pendant la seconde guerre mondiale et deviendra un compagnon de route de Général de Gaulle.

인도차이나 크메르를 알기 위해 1920년대 초 떠난 앙드레 말로는 1925년 공산혁명 세력과 접촉하게 된다. 2차 세계대전 동안에는 무장 항독(抗獨)단체 지도자였고 후에는 드골 장군의 동반자가 된다.

- 회화체에서는 근접미래(aller + 동사원형)가 미래를 대치하는 일이 많다.
 Je vais faire les courses. 나는 장을 볼 것이다.

2 형태

미래
je ... rai   nous ... rons
tu ... ras   vous ... rez
il(elle) ... ra   ils(elles) ... ront

arriver (도착하다)의 미래
j'arriverai   nous arriverons
tu arriveras   vous arriverez
il arrivera   ils arriveront

1 미래의 형태

- 미래는 동사원형에 -ai, -as, -a, -ons, -ez, -ons 을 붙여서 만든다.

Un vent soufflera.
바람이 불 것이다.

2 -re동사의 "e"는 미래 어미가 더해지기 전에 탈락한다.

Les rafales atteindront.
돌풍이 밀려올 것이다.

3 avoir 〉 j'aurai être 〉 je serai aller 〉 j'irai

pleuvoir	>	il pleuvra		
apercevoir	>	j'apercevrai		
pouvoir	>	je pourrai		
s'asseoir	>	je m'assiérai		
recevoir	>	je recevrai		
courir	>	je courrai		
savoir	>	je saurai		
décevoir	>	je décevrai		
tenir	>	je tiendrai devoir	>	je devrai
valoir	>	je vaudrai envoyer	>	j'enverrai
venir	>	je viendrai		
faire	>	je ferai voir	>	je verrai
falloir	>	il faudra vouloir	>	je voudrai
mourir	>	je mourrai		

être ~이다

je serai	nous serons
tu seras	vous serez
ils sera	ils seront

avoir ~을 갖다

j'aurai	nous aurons
tu auras	vous aurez
il aura	ils auront

aller 가다

j'irai	nous irons
tu iras	vous irez
il ira	ils iront

3 전미래

> **전미래 (futur antérieur)**
>
> 조동사의 미래 +과거분사

Quand il sera rentré, je sortirai.
그가 돌아오면 나는 외출할 것이다.

A midi, j'aurai fini ce travail.
정오에 나는 이 일을 끝내놓을 것이다.

finir(끝내다)의 전미래

j'aurai fini   nous aurons fini
tu auras fini   nous aurons fini
il aura fini   ils auront fini

venir (오다)의 전미래

je serai venu(e)   nous serons venu(e)s
tu seras venu(e)   vous serez venu(e, s, es)
il sera venu   ils seront venus

- 전미래는 미래의 어느 시점을 기준으로 이미 완료되는 동작을 나타낸다.

C'est promis, j'aurai tapé ce document avant la fin de la semaine.
주말 전까지는 이 서류를 타이핑해 놓기로 약속합니다.

Je te prêtrai ce livre quand je l'aurai lu.
내가 이 책을 읽고 나서 네게 빌려줄게.

J'aurai écrit cette lettre dans une heure.
나는 한 시간 후에 이 편지를 다 써둘 것이다.

- 다음과 같이 "개연성"을 나타내기도 한다.

Elle est déjà rentrée. Elle aura fini son travail plus tôt que de coutume.
그녀는 이미 돌아왔다. 평소보다 일이 일찍 끝난 모양이다.

Mon père est sorti, mais il sera rentré avant midi.
아버지는 외출하셨지만 정오 전에는 돌아오신다.

Il aura manqué son autobus.
그는 버스를 놓친 것 같다.

- 나레이션에서 과거 사실의 시간 순(順)을 묘사하는데 사용된다.

Elle aura attendu 20 ans pour que son talent soit enfin reconnu.
그녀는 자신의 재능을 인정받기까지 20년을 기다려야했다.

패턴연습 6

1 괄호안의 동사를 미래시제로 활용하시오.

ⓐ Ils _____ (passer) par le grand portail.
그들은 대문으로 지나갈 것이다.

ⓑ Elle _____ (partir) en Inde quand elle ____ (avoir) assez d'argent.
그녀는 충분히 돈을 갖게되면 인도로 떠날 것이다.

ⓒ Les vents _____ (atteindre) 120 km/h.
바람은 시속 120킬로에 이를 것이다.

ⓓ Il _____ (falloir) beaucoup de patience.
많은 인내를 필요로 할 것이다.

ⓔ Je ne _____ (savoir) rien de plus après avoir entendu son discours.
나는 그의 연설을 듣고 아무 것도 더 이상 알지 못할 것이다.

ⓕ Elles _____ (recevoir) les félicitations du jury.
그 여자들은 심사위원들의 축하를 받았다.

ⓖ Avec cet argent vous _____ (pouvoir) acheter un nouveau dictionnaire.
이 돈으로 당신은 새 사전을 살 수 있을 것이다.

ⓗ Je _____ (aller) à l'église et je _____ (s'asseoir) à l'arrière.
나는 교회에 가서 뒤쪽에 앉을 것이다.

2 아래 동사들의 미래시제로 다음 시(詩)를 완성시키시오.

Demain, dès l'aube, à l'heure où blanchit le campagne.

Je _____ ⓐ Vois-tu, je sais que tu m'attends.

Je _____ ⓑ par la forêt, je _____ ⓑ par la montagne.

Je ne puis demeurer loin de toi plus longtemps.

Je _____ ⓒ les yeux fixés sur mes pensées,

Sans rien voir au dehors, sans entendre aucun bruit,

Seul, inconnu, le dos courbé, les mains croisées,

Triste, et le jour pour moi _____ ⓓ comme la nuit.

Je ne _____ ⓔ ni l'or du soir qui tombe,

Ni les voiles au loin descendant vers Harfleur,

Et quand je _____ ⓕ, je _____ ⓖ sur ta tombe

Un bouquet de houx vert et de bruyère en fleur.

Victor Hugo

ⓐ partir ⓑ aller ⓒ marcher ⓓ être ⓔ regarder ⓕ arriver ⓖ mettre

> 내일, 새벽부터, 전원이 하얘지는 시간에
> 나는 떠날 것이다. 이봐, 난 네가 내 말을 듣고 있는 걸 알고 있다.
> 나는 숲을 지나고 산을 지나며 떠날 것이다.
> 나는 더 이상 너에게서 멀리 떨어져 있을 수가 없다.

나는 내 생각에 눈을 고정시키고 걸을 것이다.
바깥도 보지 않고 어떤 소리도 듣지 않으며
혼자, 알려지지 않은 채, 등은 굽히고 양손을 포개고
슬픈, 나를 위한 낮은 밤과 같을 것이다.
나는 저무는 저녁의 황금도
멀리서 아르플뢰르를 향해 내리는 돛들도 보지 않을 것이다.
그리고 내가 도착할 때 나는 너의 무덤위에
녹색 호랑가시나무와 히스 꽃다발을 놓을 것이다.

빅토르 위고

3 다음을 프랑스어로 옮기시오.

ⓐ 나는 그가 다시 시작하지 않을 것으로 알고 있다.
recommencer

ⓑ 그녀는 열차가 또 연착할 것이라고 말한다.
être en retard

ⓒ 너는 뛰지 않으면 늦을 것이다.
si ...., tu seras

ⓓ 그는 시간이 있으면 오늘 저녁에 그 일을 할 것으로 나는 생각한다.
s'il a le temps...

ⓔ 그녀가 도착하자마자 나는 그녀를 만날 것이다.
dès que ...

4 알맞은 전미래 형태로 문장을 완성시키시오.

ⓐ Elle l'emportera dès qu'elle _____ (acheter) une voiture.
그녀는 차를 사면 그것을 갖고 갈 것이다.

ⓑ Nous _____ (rentrer) avant 11 heures.
우리는 11시 전에는 도착해 있을 것이다.

ⓒ Je _____ (terminer) dans un instant.
나는 곧 끝내놓을 것이다.

ⓓ Dans une semaine tu _____ (finir) tes examens.
한 주일만 있으면 너는 시험이 끝나 있을 것이다.

ⓔ Elles _____ (connaître) toutes sortes d'aventures.
그 여자들은 모든 종류의 모험을 알게 될 것이다.

ⓕ Les pauvres! Ils _____ bien (s'ennuyer).
이런 불쌍한 사람들. 그들은 지겨워할 것이다.

ⓖ Vous _____ bientôt (traduire) ce document?
이 서류를 곧 번역할 수 있나요?

ⓗ Elle _____ (se demander) où j'étais partie.
그녀는 내가 어디도 떠났는지 생각할 것이다.

5 <보기>와 같이 미래, 전미래 시제를 활용해보시오.

<보기> Corrigez ce texte et apportez-le moi > Vous m'apportez ce texte quand vous l'aurez corrigé.

ⓐ Payez votre cotisation et vous pouvez jouer au tennis.
회비를 내면 테니스를 할 수 있을 겁니다.

ⓑ Habillez-vous et descendez pour le petit déjeuner.
당신은 옷을 입고 아침식사를 하러 내려오세요.

ⓒ Finis ton café et nous partons.
당신이 커피를 다 마시면 우리는 떠납니다.

ⓓ Eteignez la lumière et vous dormirez mieux
불을 끄고 나면 더 잘 주무실 겁니다.

패턴연습 6 해답

1
   ⓐ Ils passeront   ⓑ Elle partira, elle aura
   ⓒ Les vents atteindront   ⓓ Il faudra
   ⓔ Je ne saurai   ⓕ Elles recevront
   ⓖ Vous pourrez   ⓗ J'irai, je m'assiérai.

2
   ⓐ Je partirai   ⓑ J'irai
   ⓒ je marcherai   ⓓ sera
   ⓔ je ne regarderai
   ⓕ j'arriverai   ⓖ je mettrai.

3
   ⓐ Je sais qu'il ne recommencera pas.
      나는 그가 다시 시작하지 못할 것으로 알고 있다.

   ⓑ Elle dit que le train va encore être en retard.
      그녀는 열차가 또 연착할 것이라고 말한다.

   ⓒ Si tu ne cours pas, tu seras en retard/à moins de courir, tu seras en retard !
      네가 뛰지 않으면 너는 늦을 것이다.

   ⓓ Je crois que s'il a le temps il le fera ce soir.
      나는 그가 시간이 있으면 오늘 저녁 그 일을 할 것이라고 믿는다.

   ⓔ Je la verrai dès qu'elle arrivera.
      나는 그녀가 도착하는대로 만나볼 것이다.

4 ⓐ elle aura acheté ⓑ nous serons rentrés ⓒ j'aurai terminé ⓓ tu auras fini
ⓔ elles auront connu ⓕ ils se seront bien ennuyés ⓖ vous aurez bientôt traduit
ⓗ elle se sera demandé

5 ⓐ Vous pourrez jouer au tennis quand vous aurez payé votre cotisation.
ⓑ Vous descendrez pour le petit déjeuner quand vous vous serez habillé(s).
ⓒ Nous partirons quand tu auras fini ton café.
ⓓ Vous dormirez mieux quand vous aurez éteint la lumière.

프랑스대혁명 이후

빌레르-코트레 칙령이 프랑스어를 사법, 행정의 언어로 만들었고 아카데미 프랑세즈가 프랑스어의 수호자가 되었다면 프랑스 대혁명은 프랑스어를 위한 도약의 계기라고 할 수 있다. 혁명의 메시지를 전달할 공통의 언어부재는 혁명 주동자들이 극복해야 할 가장 큰 장애물이었다. 그들의 언어관련 첫 작업은 그레과르(Henri Grégoire 1750-1831) 신부의 지도에 의해 1790년 진행된 언어 관련 설문지의 작성이었다. 외국의 엘리트 계층이 오래 전부터 프랑스어를 사용해 온 것은 잘 알려진 일이었으나 프랑스 국내의 언어 상황이 어땠는지는 그레과르 보고서를 통해 처음 밝혀지게 되었다. 약 2천7백만으로 추산되던 당시 국민 중에 프랑스어를 제대로 구사하는 사람은 3백만을 넘지 않았고 대부분은 지방어(langues régionales)를 말하고 있었다. 혁명정부는 "기회의 균등"(égalité des chances)이라는 구호 아래 지방어와 방언을 없애려고 했다. 그러나 이에 대한 큰 저항이 계속되었다. 이에 따라 1994년 제정된 프랑스어 사용 관련법인 "투봉법"에서도 제19조에 "이 법의 항목들은 지방어와 관련된 입법활동이나 규정에 대해 피해를 주지 않으며 적용된다."라는 항목을 삽입해야만 했다. 그러나 지방어는 프랑스어를 위협하지 못한다는 이유로 오랜 기간 배려의 대상이 되지는 못했다.

혁명정부는 프랑스어를 국어(langue nationale)로 만들기로 결정했으며, 탈레이랑은 1791년 헌법위원회에 제출한 보고서에 초등학교에서는 프랑스어로 가르쳐야 한다고 주장했다. 이때부터 프랑스어 교육은 언어정책에 있어서 하나의 축을 형성하게 되었다. 1832년에 초등교육체제가 시행되었고 아카데미 사전의 공식 철자를 각종 시험과 공문서에서 의무적으로 사용하게 했다. 1885년 쥘 페리법은 초등교육을 의무화했다. 여러 가지 시행령을 통해 프랑스어가 국어로 확실하게 자리를 잡던 1914년 발발한 1차 세계대전은 전국민의 대대적인 교류를 가져왔으며 프랑스어가 모든 국민의 언어가 되는데 결정적인 역할을 했다.

프랑스의 국어교육은 초등학교에서 그 기초가 다져진다. 초등학교의 총 수업시간 수는 주당 26시간이며, 국어 9시간, 수학 5시간, 세계의 발견(사회, 과학) 및 시민교육 4시간, 예술교육 및 체육 6시간 학습지도 2시간 등으로 구성되어 있다. 전체 26시간 중에서 국어시간은 9시간으로 약 34.6%를 차지한다. 국어 이외의 다른 교과목이 7과목이나 더 있다는 점을 고려해 볼 때 국어시간이 다른 과목에 비해 배당시간이 많고 다른 나라의 국어시간과 비교해 볼 때도 매우 높은 편이다.

시간 배당 면에서뿐만 아니라 교과의 구성 요소도 다른 나라들과 다르다. 읽기, 어휘, 받아쓰기, 쓰기, 문법, 시(詩), 동사변화 등으로 과목을 세분하고 교과서도 2~3권 사용하고 있다.

또 하나의 특기할 점은 국어시간이 항상 오전에 배당되어 있다는 점이다. 프랑스의 초등학교는 오전 9시부터 오후 4시까지 수업을 하는데 수업의 효율을 높이기 위해 점심식사 후인 오후보다는 정신이 맑은 오전에 수업을 해야 능률이 오른다는 취지에서이다. 저학년에서는 시(詩)나 베껴 쓰기 연습을 많이 하게 된다. 고학년에 올라갈수록 읽은 것에 대한 질의, 응답 또는 토론과 함께 작문을 한다. 프랑스 초등학교에서는 모국어를 완전히 깨우쳐 용법에 맞도록 쓸 수 있도록 교육한다.

프랑스어 문법

7
조건법

7 조건법

1 용법

~이면 ~일 것이다.(조건법 현재)
그때 ~ 였으면 ~였을 것이다.(조건법 과거)
에서 처럼 가정의 내용에 대한 언급이다.

조건절(종속절)	주절
Si + 반과거	조건법 현재
Si + 대과거	조건법 과거

Si j'étais riche, j'achèterais une auto.
내가 부유하다면 차를 살 것이다.

Si j'avais été riche, j'aurais acheté une auto.
내가 부유했다면 차를 샀을 것이다.

Vous l'auriez trouvé en cherchant bien.
당신은 잘 찾았으면 그를 발견했을 것이다.

Avec un peu plus de courage, il réussirait.
조금 더 용기가 있었다면 그는 성공할 것이다.

Je serais malheureux sans toi.
나는 네가 없으면 불행할 것이다.

1 양보의 조건법

Quand même je le voudrais, je ne le pourrais pas.
내가 그것을 원하기는 하지만 그 일을 못할 것 같다.

2 추측, 의혹

J'aurais attrapé froid hier soir après le bain.
어제 저녁에 목욕하고 나서 감기에 걸린 것 같다.

Un article de l'AFP annonce que le lancement de la fusée de l'aviation USA aurait échoué.
AFP 통신 기사는 미군 로켓 발사가 실패한 것 같다고 보도한다.

Il y a eu hier un grand incendie. D'après les journaux, il y aurait dix morts.
어제 대형 화재가 있었다. 신문 보도에 따르면 10명이 사망한 것 같다.

3 감정적 표현, 감탄이나 의혹을 나타낼 때

Comment le pourrais-je?
내가 어떻게 그 일을 할 수 있을까?

4 의례적으로 완화시킨 표현

Voudriez-vous me présenter à Monsieur Vincent?
저를 뱅상 씨에게 소개시켜주실 수 있습니까?

Je voudrais vous demander un petit service.
한 가지 부탁드리고 싶습니다.

Pourriez-vous m'indiquer le chemin de la gare?
역까지 가는 길을 가리켜주실 수 있습니까?

Vous seriez très gentil de m'aider un peu.
조금만 도와주시면 고맙겠습니다.

"과거에 있어서 미래"를 말할 때에도 사용한다.

2 형태

1 조건법 현재

조건법 현재	
je ... **rais**	nous ... **rions**
tu ... **rais**	vous ... **riez**
il ... **rait**	ils ... **raient**

S'il faisait beau aujourd'hui, je sortirais.
오늘 날씨가 좋으면 외출할 것이다.

7 조건법

S'il avait fait beau hier, je serais sorti.
어제 날씨가 좋았다면 나는 외출했을 것이다.

조건법(conditionnel)의 형태는 미래 어간에 -ais, -ais, -ait, -ions, -iez, -aient를 붙여 만든다.

être ~이다

je serais	nous serions
tu serais	vous seriez
il serait	ils seraient

avoir ~을 갖다

j'aurais	nous aurions
tu aurais	vous auriez
il aurait	ils auraient

acheter 구입하다 (악쌍의 활용에 주의)

j'achèterais	nous achèterions
tu achèterais	vous achèteriez
il achèterait	ils achèteraient

réussir 성공하다

je réussirais	nous réussirions
tu réussirais	vous réussiriez
il réussirait	ils réussiraient

vouloir 원하다

je voudrais　　　　nous voudrions

tu voudrais　　　　vous voudriez

il voudrait　　　　 ils voudraient

2 조건법 과거

> **조건법 과거**
>
> étre/avoir 조동사의 조건법 현재 + 과거분사
>
> j'**aurais aimé**　　　좋아했을 것이다
> je **serais parti**　　　나는 떠났을 것이다.

- Je crois qu'il passera à l'examen.
나는 그가 시험에 통과할 것으로 생각한다.

Avant l'examen, je croyais bien qu'il y passerait.
시험 전에 나는 그가 통과할 것으로 생각했다.

- Il m'a dit qu'il arriverait le surlendemain.
그는 내게 다음 다음 날 오겠다고 말했다.

- Il sera parti avant mon arrivée.
그는 내가 도착하기 전에 떠날 것이다.

7 조건법

Je croyais qu'il serait parti avant mon arrivée.
나는 그가 나의 도착 전에 떠날 것으로 생각했다.

- Je pensais alors qu'à midi j'aurais terminé mon travail.
나는 정오에는 일을 끝낼 것이라고 생각했다.

> S'il faisait beau aujourd'hui(demain), je sortirais.
> 오늘(내일) 날씨가 좋으면, 나는 외출할 것이다
>
> S'il avait fait beau hier, je serais sorti.
> 어제 날씨가 좋았다면, 나는 외출했을 것이다.

Si j'étais riche, j'achèterais une auto.
내가 부유하다면 승용차를 한 대 살 것이다.

Si j'avais été riche , j'aurais acheté une auto.
내가 부유했다면 승용차를 한 대 샀을 것이다.

S'il vient, je parlerai.
그가 오면 내가 말할게.

S'il venais, je parlerais.
그가 온다면 내가 말할 것이다.

위 두 문장을 비교하면 후자가 더 그럴 가능성이 떨어지는 상황이다.

패턴연습 7

1 밑줄친 동사를 알맞은 형태로 써보시오.

① S'il faisait beau temps, je <u>sortir</u>.
날씨가 좋으면 나는 외출할 것이다.

② S'il <u>faire</u> beau demain, nous ferions une promenade.
내일 날씨가 좋으면 우리는 산책할 것이다.

③ Il m'a dit qu'il <u>partir</u> le lendemain.
그는 다음날 떠난다고 말했다.

④ <u>Pouvoir</u>-vous me conduire jusqu'à la gare ?
기차역까지 운전해 주실 수 있나요?

⑤ Il <u>aller</u> avec vous s'il n'avais pas été malade.
그는 아프지 않았으면 당신과 같이 갔을 것이다.

⑥ S'il <u>arriver</u> un peu plus tôt, il aurait pu prendre le train qu'il a manqué.
그가 조금 일찍 도착했다면 그기 놓친 열차를 탈 수 있었을 것이다.

2 괄호안의 동사를 조건법 현재형으로 활용해 보시오.

a. Le pentagone a révélé que les Etats-unis étudient la possibilité de reprendre des essais nucléaires souterrains. Washington a déclaré un moratoire jusqu'en en 2025.
Mais cette reprise _____ (motiver) par le fait qu'au-delà de l'an prochain

7 조건법

les essais _____ (devoir) être interdits pour de bon. Les militaires ont donc besoin, d'ici là, de s'assurer de la fiabilité des armes existantes. Le département de l'Energie est opposé à la proposition du pentagone ; il soutient que les Etats-Unis _____ (pouvoir) se contenter d'expériences en laboratoire et de tirs simulés par ordinateur. Les explosions, estime-t-il, _____ (servir) surtout à développer les armes nouvelles. Désormais sur ses gardes, la Russie annonçait dès hier soir qu'elle _____ (avoir) pas d'autre choix que de reprendre ses essais si Washington penchait pour le 'oui'.

Géraldine Sartin, Info Matin

美국방부는 미국이 지하 핵실험 재개 가능성을 연구 중이라고 밝혔다. 워싱턴(미국 행정부)측은 2025년까지는 유예기간이라고 선언한 바 있다. 이 같은 재개는 내년 이후 진정으로 실험이 금지될 것이라는 사실에 영향을 받은 것으로 보인다. 군부는 지금부터 그때까지 현존하는 무기의 신뢰도를 높일 필요가 있다. 에너지부는 국방부의 이 같은 제안에 반대하고 있다. 에너지부는 미국이 실험실과 컴퓨터 시뮬레이션에 의한 경험만으로도 만족해할 수 있을 것이라고 주장한다. 그리고 폭발들은 특히 새로운 무기 개발에 기여할 것이라고 평가한다. 지금부터 경계를 늦추지 않고 있는 러시아는 어제 바로 美행정부가 예스(oui) 쪽으로 기운다면 자신들도 실험을 재개하는 수밖에 없다고 밝혔다.

제랄딘 사르땡, 앵포 마땡

b. Lundi, la Ligue italienne de défense de l'environnement a présenté un rapport qui fait froid dans le dos à l'heure où l'Europe entière s'apprête à venir faire trempette: des bateaux chargés de déchets radioactifs _____ (couler) en Méditerranée!

Dans des fosses très profondes, certes. Certains navires, chargés de déchets français et allemands _____ (immerger) au large de Ravenne et des côtes yougoslaves en 2023. On n'a pas détecté de radioactivité pour l'instant, il n'y a donc pas de danger immédiat. Mais si on finissait par découvrir ces bateaux, nul doute qu'il _____ (s'agir) d'une véritable bombe à retardement, car il est vraisemblable que les matières radioactives _____ (pouvoir) s'échapper de leurs caissons d'ici à quelques années, à cause de la corrosion. Ces matières radioactives _____ (provenir) des activités hospitalières mais surtout des centrales nucléaires italiennes.

S. de Sampigny, Info Matin

월요일 이탈리아의 환경보호 단체연합은 유럽 전체가 퇴근 후 휴식을 취하러 오려는 때에 등골이 오싹해지는 보고서를 발표했다. 방사능 폐기물을 가득 실은 배들이 지중해에서 침몰했다는 것이다. 분명히 깊은 해구(海溝) 안이다. 프랑스와 독일의 폐기물을 실은 몇몇 배들은 라벤느 쪽 먼 바다와 유고슬라비아 연안에 2023년에 침몰했다고 한다. 당분간은 방사능을 탐지하지 못해 즉각적인 위험은 없다. 하지만 마침내 이 배들을 찾게 되고, 지금부터 몇 년 후에 침식(corrosion) 때문에 방사능이 수중 박스(caisson)를 빠져나오게 되면 진정한 시한폭탄(bombe à retardement)이 될 것이다. 이 방사능 물질들은 의료 활동으로부터 비롯된 것이고 특히 이탈리아의 원자력 발전소들에서 비롯된 것이다.

S. de 상피니, 앵포 마땡

3 괄호 안의 동사를 알맞은 형태로 써보시오.

ⓐ i ça m'arrangera si tu _____ (pouvoir) passer à la pharmacie.
네가 약국에 가줄 수 있으면 내게 도움이 된다.

7 조건법

ⅱ ça me _____ (arranger) si tu pouvais passer à la pharmacie.
네가 약국에 가줄 수 있으면 내게 도움이 될 것이다.

ⅲ ça m'aurait arrangé si tu _____ (pouvoir) passer à la pharmacie.
네가 약국에 가줄 수 있었다면 내게 도움이 되었을 것이다.

ⓑ ⅰ Si je _____ (se lever) à temps, j'irai acheter du lait.
내가 제 시간에 일어나면 우유를 사러 간다.

ⅱ Si je me levais à temps, je _____ (aller) chercher du lait.
내가 제 시간에 일어날 수 있다면 우유를 찾으러 갈 것이다.

ⅲ Si je _____ (se lever) à temps, je serais allé acheter du lait.
내가 제 시간에 일어났다면 나는 우유를 사러 갔을 것이다.

ⓒ ⅰ Si un jour j'ai le temps et l'argent, je _____ (faire) des régates.
언젠가 시간과 돈이 생기면 요트를 할 것이다.

ⅱ Si je _____ (avoir) le temps et l'argent, je ferais des régates.
시간과 돈이 있으면 요트를 할 것이다.

ⅲ Si j'avais eu le temps et l'argent, je _____ (faire) des régates.
시간과 돈이 있었다면 나는 요트를 했을 것이다.

4 다음을 프랑스어로 옮기시오.

ⓐ 나는 그것을 바꾸고 싶지 않다.
préférer

ⓑ 그는 내일 다시 오겠다고 말했다.
revenir

ⓒ 이 배낭을 들어 올리는 것을 도와주시겠습니까?
soulever le sac

ⓓ 네가 같이 나눠 쓰고 싶은지 말해다오.
partager

ⓔ 신문에 따르면 이 사고로 6명이 사망했다고 한다.
d'après, ... seraient mort

ⓕ 나는 이번 주말에 집에 돌아가야 할 것 같다.
rentrer à la maison

ⓖ 그녀가 다른 사람들에게 더 친절했다면 다른 사람들도 그녀에게 더 친절 할 것이다.
Si+ 대과거

7 조건법

5 <보기>와 같이 문장을 만들어 보시오.

<보기> Vous perdez les clés de votre voiture.
당신은 차 열쇠를 잃어버린다.

Si je perdais les clés de ma voiture, j'irais à la gendarmerie.
네가 차 열쇠를 잃어버리면 헌병대에 갈 것이다.

ⓐ Vous ne savez pas cuisiner.
당신은 요리할 줄 모른다.
요리할 줄 모르면 나는 샌드위치를 먹을 것이다.

ⓑ Il y aura grève du métro.
지하철 파업이 있다.
파업이 있으면 나는 걸어갈 것이다.

ⓒ L'électricité est coupée.
정전이 되었다.
정전이 되면 나는 양초를 이용할 것이다.

패턴연습 7 해답

1 ① sortir → sortirais 외출할 것이다
　② faire → faisait 날씨가 좋으면
　③ partir → partirait 떠날 것이라고
　④ pouvoir → pourriez 해주실 수 있습니까
　⑤ aller → serait allé 갔을 것이다
　⑥ arriver → était arrivé 도착했을 것이다

2 ⓐ cette reprise serait motivée, les essais devraient être interdits,
　　　les Etats-Unis pourraient, les explosions serviraient,
　　　qu'elle n'aurait pas
　ⓑ auraient été coulés en Méditerranée, auraient été immergés au large de Ravenne,
　　　il s'agirait, les matières radioactives pourraient; ces matières radioactives
　　　proviendraient

3 ⓐ ⅰ Tu peux ; ⅱ m'arrangerait ; ⅲ tu avais pu passer
　ⓑ ⅰ Je me lève ; ⅱ j'irais; ⅲ je m'étais levé
　ⓒ ⅰ Je ferai ; ⅱ j'avais ; ⅲ j'aurais fait

4 ⓐ Je préférerais ne pas le changer.
　　　나는 바꾸지 않는 편을 선호해할 것이다.
　ⓑ Il a dit qu'il reviendrait demain.
　　　그는 다음날 온다고 내게 말했다.
　ⓒ Pourriez-vous m'aider à soulever ce sac?
　　　이 가방 좀 들어주시겠습니까?

7 조건법

ⓓ Dis-moi si tu aimerais partager.
같이 나누는 것이 좋은지 말해다오.

ⓔ D'après le journal six personnes seraient mortes dans l'/cet accident.
신문 보도에 따르면 이 사고로 6명이 사망한 것 같다.

ⓕ Je devrais renter à la maison ce week-end.
이번 주말에 나는 집에 가야할 것 같다.

ⓖ Si elle était plus gentille avec les autres, les autres seraient plus gentils avec elle.
그녀가 다른 사람들에게 좀 더 친절하다면 다른 사람들도 그녀에게 더욱 친절할 것이다.

5 ⓐ Si je ne sais pas cuisiner, je mange un sandwich.
내가 요리할 줄 모르면 나는 샌드위치를 먹는다.

Si je ne savais pas cuisiner, j'irais au restaurant.
만일 내가 요리할 줄 모른다면 나는 식당에 갈 것이다.

ⓑ S'il y a grève de métro, j'irai à pied.
지하철 파업이 있으면 나는 걸아간다.

ⓒ Si l'électricité est couupée, j'utiliserai une pile électrique.
정전이 되면 나는 전지를 사용할 것이다.

Si l'électricité était coupée, j'utiliserais une bougie.
만일 정전이 되면 나는 양초를 이용할 것이다.

프랑스의 자국어 교육

프랑스의 중학교 국어교육의 목표는 구어와 문어로 정확하고 명확하게 자신의 의견을 표현하는 것이다. 고등학교 국어교육의 목표는 기회균등이라는 의식 확립, 감정적·미적·지적·도덕적 능력개발, 자율성과 책임감 배양, 개인적 및 사회적 관계 개선, 단체의식 개발 등이다. 중학교에서는 국어 능력의 개발을 목표로 하고 있다면 고등학교에서는 국어교육의 차원을 넘어 시민생활에 필요한 다양한 능력을 길러 주는 것을 목표로 하고 있다.

시간 배당 면에서 볼 때 중학교에서는 총 27시간 중 1,2학년에 5.5시간, 3,4학년에 4.5시간의 국어수업을 받으며 고등학교에서는 총 34시간 중 1,2학년은 계열에 따라 4.5시간, 3학년에서는 프랑스어 대신 철학을 배운다. 프랑스의 국어교육은 공식적으로 고등학교 2학년까지이다. 2학년 말에 국어 바칼로레아(baccalauréat 대학입학자격시험)를 치른다.

중학교의 국어시간 배당비율로 16.7%로 다른 나라에 비해 높은 편이다. 중·고등학교의 국어교육은 중세의 산문을 비롯해 근세, 현대에 이르기까지 프랑스 및 외국의 폭넓은 장르의 문학작품을 다루며 독해뿐 아니라, 어휘, 형태, 구문, 철자, 말하기, 쓰기 등 다각도의 접근을 통해 언어 기능을 심도 있게 발전시킨다. 특히 바칼로레아 출제유형인 요약하기, 문학 텍스트를 읽고 주석 달기, 논술연습을 중학교 고학년(3, 4학년)부터 집중적으로 한다.

과거에 초등학교 교육목표의 하나는 프랑스어를 유일한 국어로 가르치는 것이었다. 그리고 이것은 성공을 거두었다. 프랑스어 사용관련법 제정을 둘러싸고 벌어진 많은 논쟁에서 거론된 바에 따르면 학교의 임무는 '바른 프랑스어'(bon français)를 가르치는 것이다. 프랑스어 사용관련법의 상·하원 통과에 앞서 문화·가정·사회 분과위원회에 제출된 보고서는 "프랑스어의 수호는 교육을 통해 이루어진다. 대부분의 어린이는 읽을 줄 모르는 상태에서 초등학교에 입학한다. 따라서 교육은 엘리트에 의해 진행되어야 한다. 방송인 베르나르 피보(B. Pivot)가 진행하는 받아쓰기 대회에 출전하는 대단한 언어 애호가들도 있기는 하지만, 전국민의 프랑스어를 위엄있게 하기 위한 노력은 불가피하다"라고 밝히고 있다.

SOFRES사의 조사 결과에 따르면 "프랑스어를 보호하는 일에 있어서, 누구에게 신뢰를 갖고 있습니까?"라는 질문에 59%의 응답자는 학교, 29%는 프랑스 국민, 28%는 아카데미 프랑세즈, 15%는 매스미디어, 10%는 정부, 8%는 다른 프랑스어 사용국가, 3%는 기업이라고 답했다. 한편 38%에 이르는 응답자들은 프랑스어 교육의 낮은 수준이 프랑스어를 가장 위협하는 요인이라고 답했다. 분명한 사실은 이제 학교만이 언어 수호를 위한 기관은 아니라는 점이다.

프랑스어 문법

8
부정문

8 부정문

1 용법

ne ~pas를 기본으로 하고 있으며 부정의 개념은 다른 언어와 마찬가지로 분명하다.

2 형태

> **동사의 부정**
> **ne** + 동사 + **pas**

Je **ne** suis **pas** chinois.
나는 중국인이 아니다.

Tu **n**'es **pas** française.
너는 프랑스 여인이 아니다.

Il **n**'est **pas** italien.
그는 이탈리아인이 아니다.

Ils **ne** sont **pas** japonais.
그들은 일본인이 아니다.

Elles **ne** sont **pas** thaïlandaises.
그 여자들은 타이 사람들이 아니다.

La leçon **n'**est **pas** difficile.
학과 내용은 어렵지 않다.

Ce **n'**est **pas** un dictionnaire,
그것은 사전이 아니다.

1 부정의 부사어

ne .. pas (=영어의 not)
point 전혀, 조금도 (=not at all)
nullement 전혀 (= in no way)
ne ... plus 더 이상 ~ 아니다 (= no longer, no more)
ne ... guère 거의 ~ 아니다 (= hardly, scarcely)
ne ... jamais 절대로 ~아니다 (=never)
ne ... rien 아무것도 ~아니다 (= nothing)

2 부정대명사, 한정사

personne 아무도 ... 않다
aucun 어느 누구도, 아무것도
pas un 하나도 ...아니다
nulle part 아무데도
ni ~ ni ...도, ...도 아니다

3 다음 어순에 주의하자.

Je **ne** l'ai **jamais** vu.
나는 그를 한번도 본 일이 없다.

Il **n'**a vu **personne**.
그는 아무도 보지 못했다.

Il **ne** l'a trouvé **nulle part**.
그는 그 사람을 어디서도 찾지 못했다.

N'avez-vous **pas** fini votre travail?
일을 아직 끝내지 못했나요?

N'avez-vous vu **personne**?
아무도 못 보셨나요?

과거 부정법(avoir/être +과거분사) 에서의 어순에 주의하자.

Il regrette de ne pas avoir fait ce travail.
그는 그 일을 하지 않은 것을 후회한다.

Il est content de n'avoir rencontré personne.
그는 아무도 만나지 않아서 기분이 좋았다.

Il regrette de ne l'avoir pas fait.
그는 그 일을 하지 않은 것을 후회한다.

4 ne ...que는 "...뿐"이란 뜻이다.

Je ne suis venu que pour vous parler.
나는 당신께 말하려고 왔을 뿐입니다.

Vous ne le voyez que le samedi.
당신은 그를 토요일에만 볼 수 있습니다.

Je n'ai parlé qu'à lui.
나는 그에게만 말했다.

 다음과 같은 부정의 문장에서 pas는 사용되지 않는다.

Personne ne pourra vous aider.
아무도 당신을 도울 수 없을 것이다.

Rien ne s'est passé.
어떤 일도 일어나지 않았다.

Personne 과 Rien은 다음과 같이 de+ 남성 형용사(또는 과거분사)로 의미가 만들어진다.

rien de nouveau
새로운 일은 아무 것도 없다.

personne d'intéressant
흥미있는 사람은 아무도 없다

다음과 같은 이중부정의 문장에서도 어순에 주의해야한다.

Il ne fait jamais rien.
그는 언제나 아무 일도 하지 않는다.

Il n'a pas besion de votre aide ni de votre pitié.
그는 당신의 도움도 동장도 필요로 하지 않는다.

패턴연습 8

1 다음을 부정으로 만들어 보시오.

ⓐ Vous faites des sports.
당신은 운동을 합니다.

ⓑ J'ai fini mon travail.
나는 일을 끝냈다.

ⓒ Avez-vous fini votre travail?
일을 끝내셨나요?

ⓓ Pouvez-vous m'aider?
저 좀 도와주실래요?

ⓔ Je vais lui en parler ce soir.
나는 그것을 그에게 오늘 저녁에 말하겠다.

ⓕ J'ai bien compris ce chapitre.
나는 이 장(章)을 잘 이해했다.

ⓖ Je pars tout de suite.
나는 곧 떠난다.

2 다음 문장을 부정문으로 만드시오.

ⓐ J'ai oublié quelque chose.
나는 무언가를 잊었다.

ⓑ Il part toujours à neuf heures.
그는 늘 9시에 떠난다.

ⓒ Le week-end, nous faisons toujours quelque chose d'intéressant.
주말에 우리는 늘 무언가를 한다.

ⓓ J'ai toujours admiré son travail.
나는 항상 그의 일을 대단히 여긴다.

ⓔ Quelqu'un vous a téléphoné.
누군가 당신께 전화했다.

ⓕ J'ai un frère et une sœur.
나는 형제와 자매가 하나씩 있다.

ⓖ Avez-vous vu quelque chose?
무언가를 보셨나요?

3 괄호안의 지시에 따라 부정문으로 만들어 보시오.

ⓐ J'ai lu ce livre.
나는 책을 읽었다. (전혀)

8 부정문

ⓑ Nous nous sommes amusés.
　우리는 즐겼다. (조금도)

ⓒ Il y des étudiants dans la salle.
　방안에 학생들이 있다. (더 이상 아무도)

ⓓ Il me reste vingt euros.
　내게 20유로가 남아있다. (~뿐)

ⓔ Elle prend du café.
　그녀는 커피를 마신다. (거의~않다)

ⓕ Je l'ai trouvé.
　나는 그를 찾았다. (아무데서도)

ⓖ Il y a un arbre dans le jardin.
　정원에 나무가 하나 있다. (하나도~않다)

ⓗ Nous avons étudié des pièces de théâtre et des romans.
　우리는 연극과 소설을 공부했다. (…도…도아니다)

패턴연습 8 해답

1 ⓐ Vous ne faites pas de sports.
   당신은 운동을 하지 않는다.

ⓑ Je n'ai pas fini mon travail.
   나는 일을 끝내지 못했다.

ⓒ N'avez-vous pas fini votre travail?
   일을 못 끝냈나요?

ⓓ Ne pouvez-vous pas m'aider?
   저를 도울 수 없나요?

ⓔ Je ne vais pas lui en parler ce soir.
   나는 오늘 저녁 그에게 말하지 않을 것이다.

ⓕ Je n'ai pas bien compris ce chapitre.
   나는 이 장(章)을 잘 이해하지 못했다.

ⓖ Je ne pars pas tout de suite.
   나는 즉시 떠나지는 않을 것이다.

2 ⓐ Je n'ai rien oublié.
   나는 아무것도 잊지 않았다.

ⓑ Il ne part jamais à neuf heurs.
   그는 절대로 9시에 떠나는 일이 없다.

ⓒ Le week-end, nous ne faisons jamais rien d'intéressant.
   주말에 우리는 전혀 흥미있는 일을 하지 않는다.

ⓓ Je n'ai jamais admiré son travail.
   나는 그의 작업에 전혀 경탄하지 않았다.

ⓔ Personne ne vous a téléphoné.

아무도 당신에게 전화하지 않았어요.

ⓕ Je n'ai ni frère ni sœur.

나는 형제도 자매도 없다.

ⓖ N'avez-vous rien vu?

아무것도 보지 못 하셨나요?

3 ⓐ Je n'ai jamais lu ce livre.

나는 이 책을 전혀 읽지 않았다.

ⓑ Nous ne nous sommes pas du tout amusés.

우리는 조금도 즐기지 않았다.

ⓒ Il n'y a plus d'étudiants dans la salle.

방 안에는 더 많은 학생들이 있다.

ⓓ Il ne me reste que vingt euros.

내게 20유로밖에 남지 않았다.

ⓔ Elle ne prend guère de café.

그녀는 거의 커피를 마시지 않는다.

ⓕ Je ne l'ai trouvé nulle part.

나는 어디서도 그를 찾지 못했다.

ⓖ Il n'y pas un seul arbre dans le jardin.

정원에는 나무가 한 그루도 없다.

ⓗ Nous n'avons étudié ni pièces de théâtre ni romans.

우리는 연극도 소설도 공부하지 않았다.

프랑스어 사용 관련법의 제정

프랑스어를 보호하고 진흥하는 정책은 국민적 합의 아래서 진행되어 왔다. 그러나 지난 1994년 이른바 투봉법(loi de Toubon)에 관해서는 논란이 뜨거웠다. 이웃의 영국의 경우에도 언어와 관련된 입법 활동은 전혀 없었으며 언어의 발전은 사회적 흐름에 맡겨 놓았을 뿐이라는 점에서 외국인들에게는 놀랍게 비치기도 했다.

이 법이 새로운 내용을 담은 것은 별로 없었으며 지난 1975년에 통과된 바-로리올 (Bas-Lauriol) 법을 더욱 강화한 것으로 공무원의 직무수행, 기업 활동, 매스미디어, 상품광고나 라벨 부착 등에 있어서 다른 외국어에 대한 프랑스어의 보호를 주목적으로 하고 있다. 그리고 새로운 법에 따르면 학술활동과 집회에 있어서 프랑스어의 사용 의무가 강화된 점을 특징으로 들 수 있다.

바-로리올법이 1975년 국회에서 의원들의 만장일치로 통과된 반면 투봉법은, 특히 하원에서 논쟁을 벌인 끝에 통과되었다. 이 같은 논쟁이 전통적인 언어정책의 기반인 국민들의 의견에 커다란 균열이 생긴 것은 아닌가 하는 의문도 낳게 했고, 언론들은 정부와 국민이 프랑스어의 수호와 외국어 어휘 축출을 혼동하고 있지는 않은지 우려 섞인 논평들을 하기도 했다.

문화 및 프랑스어사용권담당부의 1994년 3월 8일 성명은 SOFRES사의 여론조사 결과를 인용하고 있는데 여기에 따르면 다수의 프랑스인 들은 외국어 어휘 사용을 현실적으로 인정하고 있다. 유용하고(30%), 재미있고(19%), 현대적(41%)이라는 반응을 보였다. 다만 16%의 응답자는 '유행을 따르는 속물적인 것', 3%는 '놀라운 일'을 6%는 '어리석은 일'이라고 답했다. 프랑스인 대부분은 외국어 차용을 통해 프랑스어가 풍요롭게 되기를 바라고 있는 것이다. 그리고 거의 모든 언론은 단지 방어적인 정책이라고 보도했다. 그러나 일부 언론은 언어관련 입법활동에 대해 정당성을 부여해 온 태도에 변화를 나타내기도 했다.

그리고 표현의 자유를 이유로 언어영역에 대한 입법활동 자체에 반대하는 입장을 표명하기도 했다.

'프랑스어의 수호'라는 생각은 아카데미 프랑세즈 설립 시기까지 거슬러 올라간다. 1549년 뒤 벨레 Du Bellay는「프랑스어의 수호와 현양」(Défense et illustration de la langue française)을 발표했는데 이 같은 시각은 오늘날까지도 프랑스어의 삶에 있어서 변함없는 지표가 되고 있다. 그리고 외국인들의 눈에는 우스꽝스럽게 비치게 된다. 특히 프랑스어의 현양(illustration), 영광스럽게 하기(glorification)같은 표현은 영어로 번역하면 더욱 엉뚱하게 보이기도 한다. 자연과학자들은 프랑스의 연구소와 기업이 마케팅에서 독창적인 생각과 개발능력을 가질 때에만 프랑스어의 현양과 영광에 기여할 것이라고 말한다. 베르나르 퐈로-델페슈(B. Poirot-Delpech) 아카데미 프랑세즈 회원도 산업 전반에 있어서 능력을 되찾으면 어휘도 풍성해질 것이라고 말하며, 언어 자체를 수호하기보다는 국제 무대에서 정치·경제적인 능력의 상징체계를 지켜야 한다고 했다. 프랑스어의 "추락"(dégradation)은 국제사회에서 위신의 상실을 반영하는 것이며 국수주의적인 프랑스는 현 상황을 받아들이려 하지 않는다는 지적도 받고 있다.

프랑스어 문법

9
의문문

9 의문문

1 용법

1 프랑스어 의문의 기본은 문장의 뒤를 올리는 인토네이션에 의한 것이라고 말할 수 있다. 그리고 또 다른 방법으로 est-ce que를 문장의 앞에 붙이는 것이다.

Est-ce que vous venez ce soir?
오늘 저녁에 오시나요?

2 주어 대명사의 단순도치를 통해서도 의문형을 만들 수 있다.

Vous revenez l'an prochain ?　　Revenez-vous l'an prochain?
내년에 다시 오시나요? (이 경우 동사와 주어는 하이픈(trait d'union)으로 연결한다)

Vous êtes content.
당신은 만족해 하십니다.

Êtes-vous content ?
만족해 하십니까?

주어가 일반명사일 경우 다음과 같이 복합도치를 한다.

Le professeur est-il debout ?
선생님은 일어서 계십니까?

3 combien, où, quand 같은 부사어로도 문장을 시작할 수 있다.

Combien faut-il payer?　　Combien le voyage va-t-il coûter?
얼마를 내야하나요?　　　　여행은 비용이 얼마나 들까요?

Commment va-t-elle y arriver?
그녀는 어떻게 올까요?

　　　　　　Comment cette étudiante arrivera-t-elle à payer?
　　　　　　이 여학생은 어떻게 지불할까요?

Où partez vous en vacances?　　Où cette famille ira-t-elle?
바캉스 어디로 가시나요?　　　　이 가족은 어디로 갈까요?

Quand serez-vous là-bas?　　Quand les enfants reviendriont-ils?
언제 거기 가실건가요?　　　　아이들은 언제 올까요?

위와 같은 도치를 피하기 위해 est-ce que를 사용할 수 있다.
Comment est-ce qu'elle va y arriver?
그녀는 어떻게 거기에 갈까요?

qui 대명사도 que, quoi와 마찬가지로 의문문을 시작할 수 있다.
Qui sera là demain?　　　내일 누가 거기 오니?

구어에서는 다음과 같이 est-ce que 구문이 흔히 사용된다.

Qui est-ce qui sera là demain?
내일 누가 오나요?

Qu'est-ce que vous voulez?
뭘 원하세요?

다음 두 문장에서 다시 한번 est-ce que 구문은 도치되지 않는다는 것을 확인할 수 있다.

Qu'a-t-il fait? Qu'est-ce qu'il a fait?   그는 무엇을 했나요?

2 형태

이미 한번 거론된 내용을 구체적으로 다시 물을 때 lequel, laquelle 대명사를 사용한다.

Laquelle de ces photos préférez-vous?
이 사진들 가운데 어느 것이 마음에 드세요?

Lesquels de ces poèmes avez-vous lus?
이 시(詩)들 가운데 어느 시들을 읽으셨나요?

à +lequel >auquel   à+lesquels> auxquels

à+laquelle > 그대로   à+lesquells > auxquelles

9 의문문

Auquel vous êtes-vous adressé?
누구에게 문의하셨나요?

> de + lequel > duquel   de + lesquels > desquels
> de + laquelle > 그대로   de + lesquelles > desquelles

Desquells avez-vous peur?
무엇을 두려워하세요?

패턴연습 9

1 다음을 의문문으로 만드시오. **est-ce que 활용형은 제외.**

① Il a des parents.
그는 부모님이 있다.

② Sa tante a des enfants.
그의 숙모는 자식들이 있다.

③ Le ciel et la mer sont bleus.
하늘과 바다는 푸르다.

④ Il y a des revues sur la table.
탁자 위에 잡지가 있다.

⑤ Marie, Jeanne, Louise et Pierre sont studieux.
마리, 잔느, 루이즈와 피에르는 근면하다.

2 알맞은 의문사를 써보시오.

ⓐ _____ est-ce que ça va coûter?
그건 얼마나 비쌀까요?

ⓑ _____ attendez-vous pour partir?
떠나는데 무엇을 기다리나요?

ⓒ _____ de ces deux cartes postales préfères-tu?
두 장의 카드 가운데 어느 것이 마음에 드니?

ⓓ _____ est-ce que tu viendras le chercher?
언제 너는 그를 찾으러 오겠니?

ⓔ _____ de ces employés allez-vous vous adresser?
이 직원들 가운데 누구에게 문의할 건가요?

ⓕ _____ n'a pas encore terminé son exercice?
누가 아직 연습문제를 마치지 못했지?

ⓖ _____ de ces sacs est le plus grand?
배낭 가운데 어느 것이 더 크지?

3 <보기>와 같이 다시 써보시오.

<보기> Est-ce que vous êtes prêts? > êtes-vous prêts?
준비가 되셨나요?

Est-ce que Renée a pris les billets? > Renée a-t-elle pris les billets?
르네는 티켓을 준비했나요?

ⓐ Est-ce qu'elle est revenue?
그녀는 돌아왔나요?

ⓑ Est-ce que la France est un pays surpeuplé?
프랑스는 인구과잉 국가입니까?

ⓒ Est-ce qu'il faut envoyer cette lettre maintenant?
이 편지를 지금 보내야합니까?

ⓓ Est-ce que cette décision est irrévocable?
이 결정은 돌이킬 수 없는 것인가요?

ⓔ Est-ce que vous irez à l'Opéra?
오페라에 가실 겁니까?

ⓕ Est-ce que cet enfant est en bonne santé?
이 아이의 건강은 좋은가요?

4 <보기>와 같이 두 가지로, 프랑스어로 옮겨보시오.

Est-ce que vous avez terminé votre repas?
Avez-vous terminé votre repas?
식사를 마치셨나요?

ⓐ 그들은 곧 집을 지을 건가요?
bâtir

ⓑ 이번 주말에는 비가 올까요?
pleuvoir

ⓒ 그 정당이 합의했나요?
   parti, d'accord

ⓓ 그들은 새 의장을 지명했나요?
   nommer

ⓔ 당신이 틀렸다니 무슨 일입니까?
   avoir tort

ⓕ 이 언덕의 정상까지 걸어갈 수 있습니까?
   au sommet

ⓖ 어디서 당신 여권을 분실했습니까?
   perdre, passeport

5 <보기>와 같이 질문을 만들어보시오.

<보기> Je suis allée à la pharmacie < Où es-tu allée?/où est-ce que tu es allée?
       나는 약국에 갔다. < 어디에 갔니?

ⓐ Elles sont parties hier matin.
   그 여자들은 어제 아침에 떠났다.
   그 여자들은 언제 떠났나요?

ⓑ Je préfère celle-là.
   나는 저쪽 것을 더 좋아한다.
   어느 쪽을 더 좋아하시나요?

ⓒ J'ai fait cela parce que ça me paraissait nécessaire.
   내게 필요하다고 보여서 한 것이다.
   왜 그 일을 했나요.

ⓓ Il en a parlé à son docteur.
   그는 그것을 의사에게 말했다.
   그는 누구에게 말했나요?

ⓔ C'est un diplôme de tourisme que je prépare.
   나는 관광관련 학위를 준비한다.
   어느 학위를 준비하니?

패턴연습 8 해답

1 ① A-t-il des parents ?
   그는 부모님이 있는가?
   ② Sa tante a-t-elle des enfants ?
   그의 숙모는 자식들이 있는가?
   ③ Le ciel et la mer sont-ils bleus ?
   하늘과 바다는 푸른가?
   ④ Y a-t-il des revues sur la table ?
   탁자 위에 잡지가 있나요?
   ⑤ Marie, Jeanne, Louise et Pierre sont-ils studieux ?
   마리, 잔느, 루이즈 그리고 피에르는 근면한가요?

9 의문문

2 ⓐ Combien est-ce que ⓑ Qu'attendez-vous ⓒ Laquelle de ces deux
ⓓ Quand est-ce que ⓔ Auquel de ces employés ⓕ Qui n'a pas encore
ⓖ Lequel de ces sacs

3 ⓐ Est-elle revenue?
그녀는 돌아왔나요?

ⓑ La France est-elle un pays supeuplé?
프랑스는 인구과잉 국가인가요?

ⓒ Faut-il envoyer cette lettre maintenant?
이 편지를 지금 보내야 하나요?

ⓓ Cette décision est-elle irrévocable?
이 결정은 변경할 수 없는 것인가요?

ⓔ Irez-vous à l'Opéra?
오페라에 가세요?

ⓕ Cet enfant est-il en bonne santé?
이 어린이는 건강이 좋은가요?

4 ⓐ Est-ce qu'ils vont bâtir un immeuble? Vont-ils bâtir...?
그들은 곧 건물을 짓나요?

ⓑ Est-ce qu'il va pleuvoir ce week-end? Va-t-il pleuvoir...?
이번 주말에 비가 오나요?

ⓒ Est-ce que le parti est d'accord? Le parti est-il d'accord?
그 정당이 동의했나요?

ⓓ Est-ce qu'ils ont nommé un nouveau président? Ont-ils nommé...?
그들은 새 의장을 지명했나요?

ⓔ Qu'est-ce qui se passe si vous avez tort? Que se passe-t-il si...?

실수하셨다면 무슨 일이 있었나요?

ⓕ Est-ce que vous pouvez marcher jusqu'au sommet de cette colline? Pouvez-vous marcher jusqu'au...?

이 언덕길의 정상까지 걸을 수 있나요?

ⓖ Où est-ce que vous avez perdu votre passeport? Où avez-vous perdu votre passeport?

어디서 여권을 분실했나요?

5 ⓐ Quand est-ce qu'elles sont parties? Quand sont-elles parties?

그 여자들은 언제 떠났나요?

ⓑ Laquelle est-ce que vous préférez? Laquelle préférez-vous?

어느 것을 선호해 하시나요?

ⓒ Pourquoi est-ce que vous avez fait cela? Pourquoi avez-vous fait cela?

왜 그 일을 하셨나요?

ⓓ A qui est-ce qu'il en a parlé? A qui en a-t-il parlé

그는 누구에게 그것을 말했나요?

ⓔ Quel diplôme est-ce que tu prépares? Quel diplôme prépares-tu?

너는 무슨 학위를 준비하니?

본격적인 자국어 수호

캐나다에 도입된 프랑스어는 아카데미 프랑세즈에 의해 순화되거나 빈약하게 되지 않은 언어였다고 지적하며 "어휘는 커뮤니케이션 수단일 뿐만 아니라 감각적이며 감성적인의 표현수단이기도 하다. 라블레의 글에 10만 단어가 들어 있다면 10만 가지 표현방법이 들어 있는 것"이라고 페뤼 의원은 말했다.

페뤼 의원은 라블레 스타일의 친근한 개선 방법을 찾아야 할 것이라고 주장하며, 특히 지방 문화로부터의 차용 또는 다른 프랑스어 사용 국가의 신조어 도입을 통한 개선의 필요성을 강조했다. 사회학자 쥘 그리티(Jules Gritti)도 이에 대해 공감을 표명했다.

1992년, "프랑스의 언어는 프랑스어"라는 원칙이 헌법에 명시되었다. 이를 영어의 지배력 강화에 대한 수호 차원의 결정이었다고 보는 이들이 많다. 1945년 UN의 결성 이후 프랑스어의 퇴보는 가시화 되었다. 프랑스어는 표결에서 과반수보다 단 한 표를 더 얻으며 업무언어(langue de travail)로 채택되었으며, 1967년 영어와 마찬가지로 각종 커뮤니케이션 자료를 프랑스어로 간행하는 것이 허용되기까지는 특별 토론회를 거쳐야 했다. 과거 프랑스의 식민지였던 많은 나라들이 독립해 국제기구에 참여하게 된 일이 국제사회에서 프랑스어를 구출한 것이다.

1980년대에 이르기까지 제국주의 논쟁에 휘말리지 않기 위해 프랑스어 사용권(francophonie)이란 표현 사용을 삼갔던 프랑스에서 1984년 프랑스와 미테랑 대통령에 의해 프랑스어 사용권 고등평의회(Haut conseil de la francophonie)가 창설되었다. 미테랑 대통령은 열정을 갖고 프랑스어 사용권을 관장하겠다고 말했다. 1993년 11월 22일 상원에서 르장드르(Legendre) 의원은 "프랑스어 사용권 덕분에 프랑스는 국제적 차원의 관계를 유지할 수 있게 되었다. 문화적 차이를 인정하자는 GATT의 토론에서 만장일치의 지지를 이끌어 내는 데는 프랑스어 사용국가들의 도움이 결정적이었다. 프랑스어 사용권(francophonie)은 단지 문화운동 수준이 아니라 성지세력이기노 하다"라고 말했다.

전후(戰後) 영어의 지배력 강화와 함께 국제사회에서 접하게 될 새로운 어려움을 인식한 프랑스는 드골 대통령 집권 당시인 1966년 프랑스어의 수호와 보급을 위한 고등위원회(Haut comité de défense et d'expansion de la langue française)를 만들었고 1973년에는 프랑스어 고등위원회(Haut comité de la langue française)로 바꾸며 프랑스어 사용 국가간의 협력강화를 도모하게 되었다.

1984년 이 기관들은 프랑스어 자문위원회(Commissariat général de la langue française)의 두 기구로 대치되었다가 1989년에는 프랑스어 고등평의회(Conseil supérieur de la langue française)와 프랑스어 총괄실(Délégation générale de la langue française)로 전환되었다. 이 기관들의 역할은 프랑스어의 바른 사용에 대한 토론 및 진흥 그리고 그 결과를 국내외로 전파하는 것이다.

프랑스어 문법

10
대명사

10 대명사

1 용법

1 주어대명사

프랑스어 3인칭 대명사 il(s), elle(s)는 사람뿐 아니라 동물과 사물도 가리킨다.

Avez-vous vus mes clefs?
내 열쇠 보셨나요?

Elles sont sur votre bureau.
열쇠들은 당신 책상 위에 있습니다..

On 대명사는 회화체에서 대개의 경우 nous를 뜻하며 다음과 같이 "제안"하는 말에서도 사용된다.

Si on allait au cinéma ce soir?
오늘 저녁에 영화 보러 갈까?
(allait는 권유를 나타내는 반과거 형태)

apprendre 배우다 익히다, nuire 방해하다, obéir복종하다, plaire~의 마음에 들다, ressembler~와 닮다, téléphoner ~에게 전화하다 등의 동사는 간접목적어를 취한다는데 주의해야한다. donner~에게 주다, envoyer~에게 보내다, offrir

제공하다, permettre 허락하다, promettre 약속하다, reprocher 비난하다 등도 마찬가지이다. 이 동사들은 promettre quelque chose à quelqu'un 패턴을 이용한다.

Il lui a promis un congé.
그는 그에게 휴가를 허락했다.

Il le lui a promis. 그는 그에게 그것을 허락했다.

conseiller, défendre, demander, dire, ordonner, permettre 는 qn + de +inf. 구문을 갖는다.

Il lui a demandé de partir.
그는 그 사람에게 떠나라고 요청했다.

2 간접목적어 역할을 하는 대명사

faire+inf.도 간접목적어를 갖게 된다.

Je lui ai fait ranger sa chambre.
나는 그의 방을 정리하게 했다.

3 "중립적인" le 는 être +형용사 구문에서 자주 쓰인다.

Moi, je suis contente, mais Jean ne l'est pas.
나는 만족해하지만 쟝은 그렇지 않다.
그러나 다음과 같은 구문에서는 le가 나타나지 않는다.

Je trouve difficile de comprendre cette explication.
나는 이 설명을 이해하기 어렵다.

4 en 대명사는 de + 사람이나 사물, 아이디어를 나타낸다.

Elle s'occupe des enfants > Elle s'en occupe.
그녀는 애들을 돌본다.

그리고 en대명사는 de+명사 뿐 아니라 de +inf.도 대신한다.

J'ai envie de partir > J'en ai envie.
나는 떠나고 싶다.

5 y대명사는 à, dans, en, sur +명사를 나타낸다. en 대명사와 달리 y는 사람을 나타내지는 못한다.

Je pense à mon travail > J'y pense.
나는 내 일을 생각한다

Je l'ai vu dans la rue > Je l'y ai vu.
나는 길에서 그를 보았다

en과 마찬가지로 y 대명사는 à + 명사 뿐 아니라 à + inf. 도 대치한다.

Je tiens à partir > J'y tiens.
나는 떠나고 싶다.

간접목적어 le, les는 전치사 à, de와 같이 쓰여 au, du/des를 만드는 일이 없다.

Il m'a interdit de le faire .
그는 내게 그 일을 못하게 했다

Il m'a autorisé à le faire.
그는 내게 그 일을 허락했다.

2 형태

대명사 사용구문의 어순은 다음과 같다.

1 faire~를 하게하다, laisser~를 내버려두다, envoyer 보내다 동사나 voir 같은 지각동사 다음에는 동사원형이 따라오는데 목적어는 동사원형 앞이 아니라 첫 번째 동사 앞에 놓인다.

Il les fait entrer.
그는 그들을 들어오게 한다.

Elle m'a laissé partir.
그녀는 나를 떠나게 내버려두었다.

2 3인칭 간접목적어 lui와 leur에서는 어순이 달라지는데 주의하자.

Je vous les révèle.
나는 당신께 그 일을 알린다.

Il la lui donne.
그는 그에게 그것을 준다.

Je le lui demande.
나는 그에게 그것을 준다.

3 강세형 대명사

대명동사 다음에 <à +사람> 형태로 나타난다.

Je me fie à elle.
나는 그녀를 믿는다.

Il vient à moi . 같은 구문에서도 사용되며 penser 생각하다, songer 상상하다, croire 믿다, tenir 집착하다 등의 동사와 함께 다음과 같이 쓰인다.

Je pense à lui.
나는 그를 생각한다.

Ce livre est à moi.
이 책은 내 것이다.

4
soi는 se의 강세형 대명사이며 on, chacun 처럼 의미가 구체적으로 정해지지 않는 대명사를 대신한다.

On est obligé de le faire soi-même.
각자 자신이 그 일을 해야한다.

패턴연습 10

1 알맞은 인칭대명사로 완성시켜보시오.

ⓐ Je _____ ai appris à se servir de leur mémoire.
  나는 그들에게 자신들의 기억력을 사용하는 법을 가르쳐주었다.

ⓑ Une mémoire est une question de technique, et ces techniques nous pouvons toutes _____ révéler.
  기억력은 기술의 문제이며 우리들이 당신에게 이 기술들을 밝혀줄 수 있다.

ⓒ Vous pourrez retenir après _____ avoir entendus seulement une fois une liste de 40 mots quelconques n'ayant aucun rapport entre _____.
  당신은 당신 한 번 듣고도 단어들 간에 아무런 상관이 없는 40단어의 목록을 기억할 수 있을 것입니다.

2 이탤릭체로 된 부분을 인칭대명사를 이용해 다시 써보시오.

ⓐ Vous pourrez retenir *40 mots*.
  당신은 40 단어를 외울 수 있을 겁니다.

ⓑ Vous parviendrez à faire *ces expériences*.
  당신은 이 연습에 도달할 수 있을 겁니다.

ⓒ Tout ce que l'on peut obtenir *d'une mémoire*.
  기억력으로부터 사람들이 얻을 수 있는 모든 것

ⓓ Vous pourrez vous souvenir *des noms de lieux*.
당신은 지명(地名)들을 기억할 수 있을 겁니다.

3 다음을 복합과거 시제의 긍정, 부정으로 만들어보시오.

ⓐ Je vous l'affirme.
당신께 그것을 확언합니다.

ⓑ Je vous les révèle.
당신께 그것들을 밝힙니다.

ⓒ Il nous les montre.
그는 우리에게 그것들을 보여줍니다.

ⓓ Nous le lui demandons.
우리는 그것을 그에게 요구합니다.

4 이탤릭체 부분을 대명사로 바꾸어, Oui, Non으로 각각 답해보시오.

ⓐ Est-ce que vous allez parler *de cette annonce à vos amis*?
이 소식을 친구들에게 말할 겁니까?

ⓑ Est-ce que vous allez montrer *cette annonce à vos amis*?
이 소식을 친구들에게 보여줄 겁니까?

ⓒ Est-ce que vous allez demander des conseils *à vos amis*?
친구들에게 조언을 구할 겁니까?

ⓓ M. Hardier nous révèle-t-il *ses techniques*?
아르디에 씨는 그의 기술을 우리에게 알려줍니까?

5 이탤릭체 부분을 대명사로 다시 써 보시오.

ⓐ Avez-vous pensez *à partir en vacances*?
바캉스 떠나는 것에 대해 생각했나요?

ⓑ Etes-vous satisfait? Non, je ne suis pas *satisfait*.
만족하십니까? 아니오, 나는 만족해하지 않습니다.

ⓒ Elle ressemble beaucoup *à sa mère*.
그녀는 자기 어머니와 많이 닮았다.

ⓓ Le patron a accordé un jour de congé *à tous ses employés*.
고용주는 모든 직원에게 하루의 휴가를 주었다.

6 빈칸을 알맞은 대명사로 채우시오.

Jean _____ a offert des bonbons à menthe.

Je _____ ai répondu que j'_____ voulais bien un.

Mais c'était plutôt par politesse. Alors il _____ touché le bras gauche en disant:

<< Tenez donnez- _____ votre main. Je _____ _____ ai tendue , paume ouverte. Il a déposé une pastille à moitié fondue, un peu collante.

A.Robbe-Grillet, Djinn

쟝은 내게 박하사탕을 주었다. 나는 그걸 한 개만 원한다고 대답햇다. 하지만 그건 의례적인 말이었다. 그러자 그는 내 왼 팔을 건드리며 말하기를, " 자, 손 좀 줘봐요. 나는 그에게 손바닥을 펴고 손을 내밀었다. 그는 반쯤 녹고 약간 끈적이는 드로프스를 놓았다.

알랭 로브그리예 "진"

7 다음을 프랑스어로 옮기시오.

ⓐ 나는 그를 기쁘게 하는 것이 불가능하다고 생각한다.
trouver impossible

ⓑ 당신은 내게 그녀를 생각하게 한다.
faire penser à

ⓒ 마리와 쟌느는 스스로 모든 일을 했다.
elles-mêmes

ⓓ 나는 그녀에게 이 사진을 보여주고 생각하는 바를 묻고 싶다.
...lui momtrer

ⓔ 나는 그에게 책읽기를 가르치고자 시도한다.
apprendre à

ⓕ 나는 그에게 정오 열차를 타라고 권했다.
conseiller de + inf.

패턴연습 10 해답

1 ⓐ leur 그들에게
 ⓑ vous les 당신에게 이 기술들을
 ⓒ les, eux 40단어의 목록을

2 ⓐ Vous pourrez les retenir.
 당신은 그것들을 기억할 수 있다.
 ⓑ Vous parviendrez à les faire.
 당신은 그 일을 할 수 있게 된다.
 ⓒ Tout ce que l'on peut en obtenir.
 우리가 얻을 수 있는 모든 것
 ⓓ Vous pourrez vous en souvenir.
 당신은 그것을 기억할 수 있다.

3 ⓐ Je vous l'ai affirmé.
 Je ne vous l'ai pas affirmé.
 ⓑ Je vous les ai révélé(e)s.
 Je ne vous les ai pas révélé(e)s.
 ⓒ Il nous les a montré(e)s.
 Il ne nous les a pas montré(e)s.
 ⓓ Nous le lui avons demandé.
 Nous ne le lui avons pas demandé.

4 ⓐ Oui, je vais leur en parler.
 Non, je ne vais pas leur en parler.
 ⓑ Oui, je vais la leur montrer.
 Non, je ne vais pas la leur montrer.

ⓒ Oui, je vais leur en demander.

　　Non, je ne vais pas leur en demander.

ⓓ Oui, il nous les révèle.

　　Non, il ne nous les révèle pas.

5 ⓐ Y avez-vous pensé?

　　그것을 생각하셨나요?

ⓑ Je ne le suis pas.

　　나는 그렇지 않다.

ⓒ Elle lui ressemble beaucoup.

　　그녀는 자기 어머니와 많이 닮았다.

ⓓ Le patron leur a accordé un jour de congé.

　　고용주는 그들에게 하루의 휴가를 주었다.

6 m'a offert, je lui ai répondu, j'en voulais bien un, il m'a touché, Donnez-moi, Je la lui ai tendue,

7 ⓐ Je trouve impossible de lui faire plaisir.

　　나는 그를 기쁘게 하는 것이 불가능하다고 생각한다.

ⓑ Vous me faites/Tu me fais penser à elle.

　　당신은 내게 그녀를 생각하게 한다.

ⓒ Marie et Jeanne ont tout fait elles-mêmes.

　　마리와 쟌느는 스스로 모든 일을 했다.

ⓓ J'aimerais lui montrer cette photo et lui demander ce qu'elle en pense.

　　나는 그녀에게 이 사진을 보여주고 생각하는 바를 묻고 싶다.

ⓔ J'essaie de lui apprendre à lire.

　　나는 그에게 책읽기를 가르치고자 시도한다.

ⓕ Je lui ai conseillé de prendre le train de midi.

　　나는 그에게 정오 열차를 타라고 권했다.

아카데미 프랑세즈

아카데미 프랑세즈(Académie française)는 프랑스어 관련 기관 중에서 가장 오랜 역사를 갖고 있다. 1634년 리셜리외에 의해 설립된 아카데미 프랑세즈는 그 전에 있던 문인협회를 공식화한 것이다. "프랑스어에 분명한 규칙을 제공하고, 프랑스어로 하여금 순수하고, 풍부한 표현을 하게 하며 예술 및 과학 분야를 프랑스어로 다룰 수 있게 한다"는 목적을 갖고 태어난 것이다. 최근에는 아카데미 프랑세즈의 활동이 희화화된 모습으로 평가되기도 하지만 설립 당시 프랑스어는 사전, 문법규칙 그리고 공식화된 철자 등을 절대적으로 필요로 하고 있었다. 사법활동을 프랑스어로 하도록 하는 빌레르 코트레(Villers-Cotterêts) 칙서에 프랑스와 1세가 서명한 1539년 이후 계약서 작성과 다양한 사법 절차에 있어서 프랑스어는 라틴어를 대치하게 되었지만 아직까지도 프랑스어는 라틴어에 비해 예술과 과학분야를 제대로 다룰 수 있을 정도로 풍요로운 표현을 할 수는 없었다. 이처럼 미흡한 부분을 보완하기 위해 아카데미 프랑세즈가 설립된 것이다.

오늘날 프랑스어 사용자들은 다양한 어휘사전과 문법책을 사용할 수 있게 되어 아카데미 프랑세즈의 기능도 이전보다 많이 약화된 것이 사실이다. 아카데미 프랑세즈의 "위상과 규칙"(status et règlements)은 17세기 이후 조금도 변화된 점이 없으며 회원들은 매주 목요일 모여 아카데미 프랑세즈 사전 제9판 편찬을 위한 회의를 계속하고 있다. 아카데미 프랑세즈에 대해 비판적인 시각을 가진 사람들은 지나치게 박물관적인 사고를 지니고 있다며 그들의 사전에 대해서도 높이 평가하려 하지 않는다. 그러나 아카데미 사전은 언어의 진화를 충실하게 반영하고 있다. 예컨대 사전 제1권에 수록된 1만6천5백 개의 어휘 중에서 5천900개가 새로 수록된 신어(新語)이고 새로운 과학기술용어들이 수록되면서 전혀 사용되지 않는 100여 개의 고어는 퇴출 되었다. 그리고 프랑스어를 사용하는 국가들의 독특한 표현들도 수록하기로 하는 등 현실 반영을 위한 노력도 게을리 하지 않고 있다. 아카데미 프랑세즈는 철자법 개정에도 관여해, 전문가들의 개정 권고안을 수락하며 지난 1989년 12월 회보를 통해 일반인들에게 알렸고, 이 내용은 아카데미 프랑세즈 사전 마지막 권에 부록으로 수록되어 있다. 아카데미 프랑세즈는 여기서 일부 어휘에 사용되고 있는 철자의 보조기호 삭제도 용인하는 등 철자체계의 진보를 과감히 수용한다. 아카데미 프랑세즈는 "진정한 프랑스어 단어"(d'honnêtes mots français)가 존재할 경우에는 영어 단어를 사전에 수록하지 않는 것을 원칙으로 한다. 따라서 barrel, box-office, background 등은 이 사전에서는 찾을 수 없고 대신 barril, guichet, arrière-plan 등이 이를 대신하고 있다. 그러나 일반적으로 알려진 것만큼 아카데미 프랑세즈가 영어단어에 적대적인 것은 아니다. cottage, baseball, barman, barmaid, cockpit, cow-boy, dancing, détection, chalenge 또는 challenge, doper, drugstore 등의 어휘를 사전에 수록하고 있다. 이 같은 방침에 대해 아카데미 프랑세즈 회원인 모리스 드뤼옹(Maurice Druon)은 "순수주의와 방임주의라는 두 개의 가시 울타리 사이를 가야하는"노선을 따를 수밖에 없다고 말한다. 그리고 이 노선을 아주 완만한 속도로 따르고 있어서 사전편찬 작업의 효용성도 문제시되곤 한다. 아카데미 프랑세즈 사전 제8판은 지난 1935년에 발간되었다.

프랑스어 문법

11
관계대명사

11 관계대명사

1 용법

프랑스어에서 관계대명사는 생략되지 않을 뿐만 아니라 관계절의 동사 앞에서 반복 된다.

l'étudiant **qui** vient d'arriver et **qui** veut se joindre à nous
방금 도착한 학생과 우리에게 합류를 원하는 학생

1 관계대명사

qui, que, dont은 사람뿐 아니라 사물이나 아이디어도 나타낸다.

l'homme qui est assis
앉아있는 사람

la femme que je connais
내가 아는 여자

la femme dont je connais le fils
그의 아들을 내가 알고 있는 여자

2 다음과 같은 경우 어순에 주의해야 한다.

Des maladies dont sont victimes les enfants les plus vulnérables
가장 취약한 아이들이 희생자가 된 질병들

Il y avait 200 nouveaux députés, dont 65 femmes
2백 명의 새 국회의원이 있었는데 그 가운데 65명이 여성이었다.

2 형태

> 관계대명사 qui 는 모음이나 무음 h 앞에서 생략되지 않는다.
>
> les gens qui habitent ici
> 여기 사는 사람들

l'homme qui est arrivé hier
어제 도착한 사람

1 다음과 같이 de+문장 외에 또 다른 전치사를 포함한 문장으로 되어 있는 경우에는 dont을 사용하면 안 되고 de qui, duquel/de laquelle/desquel(le)s 을 써야 한다.

le collègue dans la voiture de qui (또는 duquel) j'ai laissé mon sac
그의 차안에 내가 가방을 놓아둔 동료

le manteau dans la poche **duquel** j' ai laissé mes clefs
내가 열쇠들을 넣어둔 주머니

2 de이외의 전치사와 함께 쓰이는 관계대명사는 일반적으로 **qui** 이며 문어체에서는 **lequel/laquelle/lesquel(le)s**도 사용된다.

les gens **avec** qui il est parti
그와 같이 떠난 사람들

l'homme **à côté** de qui elle est assise
그녀가 앉아있는 옆에 있는 사람

그러나 전치사 entre, parmi 다음에는 lequel(le)s을 써야한다.

les gens **parmi lesquels** il vivait
그가 더불어 살았던 사람들

3 où는 영어 where 뿐 아니라 when의 역할로도 쓰인다.

l'usine **où** il travaille
그가 일하는 공장

le jour **où** il est arrivé
그가 도착한 날

le jour/le moment où를 쓰지만 부정관사와 더불어 서는 **un jour/un moment** que를 사용한다.

4 관계대명사 앞에 오는 선행사가 없는 경우 ce qui, ce que, ce dont과 같이 ce 를 써야한다.

ce qui m'embête c'est son manque de politesse
나를 불편하게 하는 것은 그의 무례함이다.

ce que je déteste c'est son habillement
내가 싫어하는 것은 그의 복장이다

ce dont je suis fier c'est de son succès à l'examen
내가 자랑스럽게 생각하는 것은 그의 시험 통과이다.

패턴연습 11

1 관계대명사를 이용해 다시 써보시오.

ⓐ Il défendait les salariés. Les droits des salariés étaient bafoués.
그는 근로자들을 보호했다. 근로자의 권리는 무시되었다.

ⓑ La droite dénonce l'insécurité dans les villes.
Les individus les plus fables sont victimes de cette insécurité.
우파는 도시의 불안정을 비난했다. 가장 취약한 개인들이 이 불안의 희생자이다.

ⓒ Il a oublié de signer le document.
Cette omission nous a surpris.
그는 서류에 서명하는 것을 잊었다. 이 같은 누락은 우리를 놀라게 했다.

ⓓ Voici l'endroit. Je vais garer la voiture dans cet endroit.
여기 자리가 있다. 나는 이곳에 주차하겠다.

ⓔ Est-ce que tu connais cette femme? Il parle à cette femme.
너는 이 여자를 아니? 그가 이 여자에게 말하고 있다.

2 알맞은 관계대명사를 써보시오.

ⓐ Est-ce tout _____ vous avez fait?
당신이 한 모든 것입니까?

ⓑ _____ je me souviens surtout, c'est de la manière _____ ils nous ont accueillis.

특히 내가 기억하는 것은 그들이 우리를 맞이한 태도입니다.

ⓒ La femme à côté de _____ elle était assise, ne lui a pas adressé la parole.

그 여자가 앉아있던 옆에 있던 여자는 그에게 말을 건내지 않았다.

ⓓ Il dit qu'il a déjà fini son travail, _____ je ne crois pas.

그는 일을 이미 끝냈다고 말하지만 나는 그것을 믿지 않는다.

ⓔ _____ m'irrite c'est sa façon de parler.

나를 화나게 하는 것은 그의 말하는 방법이다.

3 qui, que, ce qui, ce que 가운데 골라 빈칸을 채우시오.

Grâce aux progrès de la biologie moléculaire(미세한, 분자의), on peut désormais littéralement isoler les gènes(유전자) et établir leur 'séquence', c'est-à-dire la suite des notes _____ les constituent. Possédant cette suite, on peut souvent en inférer la fonction du gène dans la cellule. Ainsi, par cette 'traque' de plus en plus rapprochée, on arrive à comprendre la cause fondamentale de la maladie, _____, bien souvent, on ne pouvait deviner en observant simplement les symptômes chez les malades. La dernière étape, sans doute la plus difficile et _____ a suscité trop de faux espoirs, est celle _____, de la connaissance de la cause cellulaire de la maladie.

분자생물학의 발전에 힘입어 사람들은 이제부터 글자 그대로 장애요소(gènes)와 배열(séquence), 말하자면 그것들을 구성하는 기록의 연속을 구분할 수 있게 된다. 이 같은 연속성을 확보하고 사람들은 자주 세포(cellule) 내에서 장애 요소들의 기능을 추론할 수 있다.

점차 가까이 다가가는 '추격'(traque)을 통해 사람들은 질병의 근본적인 원인에 도달하게 되는데 그것은 환자들의 징후(symptôme)만을 단순히 관찰하는 것으로는 추측할 수 없던 것이다. 아마도 가장 어렵고 너무도 많은 잘못된 희망을 불러일으키기도 했던 마지막 단계는 질병의 세포에 관한 원인에 대한 지식인 것이다.

4 해당되는 관계대명사로 빈칸을 채워보시오.

Les amoureux invétérés des gitanes et autres gauloises, fidèles à la fumée bleutée du tabac brun, au délice de ses âcretés puissantes, se rebiffent. Non contre la sollicitude quelque peu appuyée de ceux _____ ne manquent pas une occasion de remarquer qu'ils détruisent leur santé (<<Moi, _____ j'en dis, c'est pour ton bien...>>), ni même contre l'agressivité des <<militants de la lutte antitabac>> _____ la grossièreté(elle fait penser à celle du fumeur de cigare _____ naguère ne s'inquiétait pas de savoir si la fumée gênait ses voisins...) touche parfois à l'hystérie. Non, c'est Michel Charasse qu'ils en veulent. Il a diminué le diamètre de leurs cigarettes _____ n'est plus de 8mm, mais de 7,9 mm.

갈색 궐련의 푸르스름한 연기 그리고 강력한 매운 맛(âcreté)의 미각에 신실한 만성적인(invétéré) 지탄과 골르와즈 담배의 애연가들은 강력하게 반발한다(se rebiffent). 이번에도 놓치지 않고 "내가 이 말을 하는 것은 너를 위해 ..."

11 관계대명사

라고 말하며 그들이 자신들의 건강을 파괴한다고 하는 사람들의 별로 지지 받지 못하는 요청에 대한 것도 아니고, 거친 행동(grossièreté)--그것은 시가 흡연자들이 연기가 이웃을 괴롭힐 지도 모른다는 우려를 거의 않는다는 것을 연상시킨다--이 때로 히스테리를 불러일으키기도 하는 금연운동 투사들의 공격성에 대한 것도 아니며 담배의 지름을 8밀리에서 7.9밀리로 바꾼 미셸 샤라스에 대한 것이다.

패턴연습 11 해답

1 ⓐ Il défendait les salariés dont les droits étaient bafoués.
그는 권리가 무시된 근로자들을 보호했다.

ⓑ La droite dénonce l'insécurité dans les villes dont sont victimes les individus les plus faibles.
우파는 피해자들이 가장 약한 사람들인 도시의 불안정을 비난한다.

ⓒ Il a oublié de signer le document, ce qui nous a surpris.
그는 서류에 서명하는 것을 잊었는데 그것은 우리를 놀라게 했다.

ⓓ Voici l'endroit où je vais garer la voiture.
여기가 내가 주차하려는 곳이다.

ⓔ Est-ce que tu connais cette femme à qui il parle?
그 남자가 말을 거는 여자를 아니?

2 ⓐ Est-ce tout ce que vous avez fait?
당신이 모두 한 일인가요?

ⓑ Ce dont je me souviens surtout, c'est de la manière dont ils nous ont accueillis.
특히 내가 기억하는 것은 그들이 우리를 맞이한 태도이다.

ⓒ La femme à côté de qui(or laquelle) elle était assise, ne lui a pas adressé la parole.
그 여자가 앉아있던 옆에 있던 여자는 그에게 말을 건네지 않았다.

ⓓ Il dit qu'il a déjà fini son travail, ce que je ne crois pas.
그는 일을 이미 끝냈다고 말하지만 나는 그것을 믿지 않는다.

ⓔ Ce qui m'irrite c'est sa façon de parler.
나를 화나게 하는 것은 그의 말하는 방법이다.

3 qui, ce que, qui, qui

4 qui, ce que, dont, qui, qui

유럽연합의 언어적 다양성

유럽 연합(European Union)은 2007년 현재 서로 다른 문화적·언어적 배경을 가진 27개 회원국과 약 4억 5천만 시민으로 이루어져 있으며, 23개 언어를 공식 언어(公用語)로 채택하고 있다. 유럽 연합은 '다양성 속의 통합(l'unité dans la diversité)'라는 기치 아래 회원국의 언어와 문화의 다양성을 그대로 유지하면서 정치, 경제적 통합을 모색하고 있다.

유럽 연합 시민들이 자신들의 모국어를 사용하는 자유와 권리를 보장하고 장려하며, 이를 위해 유럽 사회에서 사용되는 모든 언어들을 인정하고 동등하게 교육하며, 초등학교에서부터 언어 교육을 통한 다문화 교육, 평화 교육을 장려한다. 유럽 연합 창설의 모태가 되는 로마조약(1957년)은 유럽 평의회에 유럽문화협력에 관한 책임을 위임했으며, 이로부터 유럽 평의회가 유럽의 언어 문화 정책을 시행하는 역할을 하고 있다. 1993년 11월 1일 마스트리히트 조약에서 처음으로 유럽 연합이 언어문화 정책 관련 조항을 명문화 했고, 이후 유럽 연합도 적극적인 언어문화 정책을 실행하고 있다.

2003년 7월 18일 유럽 헌법 제정 계획에서는 유럽의 언어 다양성을 유지하기 위한 새로운 정책의 일환으로 "유럽 연합의 문화적·언어적 다양성의 풍요로움을 존중하는 것은 연합의 새로운 목표가 된다."라고 명문화했다.

유럽 평의회(Council of Europe, Conseil de l'Europe)는 유럽 연합의 언어문화 정책과 같은 맥락에서 2001년에 출간한 『언어 학습·교수·평가를 위한 유럽공통참조기준(CECR)』에서 언어교육의 큰 방향을 제시하고 있다. 『유럽공통참조기준』은 유럽 연합 회원 국가들이 언어교육 정책 수립의 근간이 되어 외국어 교과과정 개혁, 평가제도 개편, 교재 집필 등 언어교육 과정 전반에 걸쳐 실질적으로 큰 변화의 틀을 제공하고 있다. 유럽 평의회가 지향하는 언어문화 정책의 기본은 다중문화주의(pluriculturalism)와 다중언어주의(plurilingualism)이다. 유럽 평의회의 기본 원칙- '모든 사람을 위한', '일상생활에서 활용하기 위한', '학습자를 위한' 평생 언어교육-의 실행 방안으로 『유럽공통참조기준』을 공식적으로 도입하였고, 이에 준거하여 나라마다 '유럽 언어 포트폴리오'를 만들어 언어 교육에 활용하고 있다.

프랑스어 문법

12
지시사

12 지시사

1 용법

지시사는 우리말의 "이, 그, 저" 처럼 사람이나 사물을 가리키는 말이다.

1 지시형용사

ce fusil	이 총
cet oiseau	이 새
cet hiver	올 겨울
cette montagne	이 산
ces oiseaux	이 새들

2 지시형용사 cet는 모음이나 무음 h로 시작하는 <남성 단수> 앞에 쓰인다.

cet appartement	이(그,저) 아파트
cet ancien bâtiment	이 옛 건물
cet homme	이 사람

그러나 여성형은 cette 하나 뿐이다.

cette fleur	이 꽃

cette île	이 섬
cette huile	이 기름

3 <시간>이나 <공간>에 있어서 근접함을 나타내고 싶으면 지시형용사 뒤에 -ci를 붙인다.

cette année-ci	금년
ce livre-ci	이 책

이와 대조적으로 어느 정도의 거리감을 나타내고 싶으면 -là를 붙인다.

cette année-là	그 해
ce livre-là	저 책

그리고 비교를 위해서는 이 두 표현을 모두 다 쓰는데 주의하자.

Préférez-vous ce modèle-ci ou ce modèle-là?
이 모델이 좋아요 아니면 저 모델이 좋아요?

2 형태

지시형용사

ce + 남성단수 명사
cet + 모음이나 무음 h로 시작하는 남성단수명사
cette + 여성단수 명사
ces + 복수 명사

12 지시사

지시대명사

ce	이것, 그것 (this)
ceci	이것 (this)
cela	저것 (that)

C'est un mouchoir fin.
질이 고운 손수건이다.

C'est bien,   좋다.
C'est vrai.   맞다.
C'est moi.   나다.
C'est nous.   우리다,
Ce sont eux.   그들이다.

Je vous raconterai ce que j'ai vu.
내가 본 것을 이야기해 드리겠다.

Ceci est meilleur que cela.
이것이 저것 보다 낫다.

C'est cela. → C'est ça.
그렇습니다.

Ecoutez bien ceci.
이 말 잘 들으세요.

> **지시대명사** : 이쪽 것(사람)
>
> 남성단수   celui
> 여성단수   celle   -ci, -là
> 남성복수   ceux
> 여성복수   celles

Voici ma robe et celle de Louise.
이것은 내 원피스와 루이즈의 원피스다.

Les vins de France sont plus estimés que ceux d'Allemagne.
프랑스 와인이 독일 와인보다 더 높이 평가받는다.

J'aime ceux qui sont modestes.
나는 겸손한 사람이 좋다.

1 지시대명사 다음에 de가 오는 문장을 프랑스어에서 자주 만날 수 있다.

mon chien et celui de mon frère   내 개와 내 형제의 개

2 이것(들)/저것(들)을 구분하기 위해 celui-ci/ceux-ci/celle(s)-ci 그리고 celui-là/ ceux-là/celle(s)-là 가 사용된다.

Quel modèle préférez-vous celui-ci ou celui-là?
이것과 저것 가운데 어느 것이 더 마음에 드십니까?

3 -ci와 같이 사용된 대명사는 문장에서 "후자"를 -là 와 같이 사용된 대명사는 "전자"를 나타낸다.

J'ai parlé à Marie et à sa mère ; celle-ci m'a invité à dîner demain soir.
나는 마리와 그의 어머니와 이야기를 나누었는데 그의 어머니가 내일 저녁 식사에 나를 초대했다.

4 ceci와 cela/ça 는 반드시 "이것"과 "저것"으로 나뉘어 가리키는 것은 아니니 주의해야한다. Cela와 ça는 ceci 보다 더 자주 쓰인다. Cela는 문어체에서, ça는 회화체에서 많이 사용된다. Ceci는 다음과 같은 경우 아직 언급하지 않은 무언가를 가리킨다.

Je vais vous dire ceci : ne faites pas attention à lui.
내가 그걸 말씀드릴 테니 거기에 신경 쓰지 마세요.

패턴연습 12

1 공란을 알맞은 지시대명사로 쓰시오.

① ___ qui mange peu dort bien.
적게 먹는 사람이 잘 잔다.

② C'est justement ____ que je voulais servir.
그것이 바로 내가 봉사하려던 바이다.

③ Avez-vous réfléchi à ___ que je vous ai dit ?
내가 말한 것을 심사숙고해 보셨나요?

④ Approchez ici mon pardessus et ____ de mon frère.
내 외투와 내 형제의 것을 가까이 두세요.

⑤ Les médecins d'aujourd'hui sont beaucoup plis habile que ____ d'autrefois.
오늘날의 의사들이 옛날 의사들 보다 능숙하다.

2 알맞은 지시형용사 또는 지시대명사로 빈칸을 채우시오.

ⓐ Cette chambre-ci ne me plaît pas. Je préfère _____ .
이방은 마음에 들지 않는다. 저 방이 더 낫다.

ⓑ Ne lui posez pas de questions. Elle n'aime pas _____ .
그녀에게 묻지 마라. 그 여자가 좋아하지 않는다.

ⓒ J'ai demandé à tous _____ qui habitent dans _____ immeuble, mais personne ne l'a vu.

나는 이 건물에 사는 모든 사람에게 물어보았지만 아무도 그를 보지 못했다.

ⓓ Tout _____ est vraiment très impressionnant.

그 모든 것은 정말로 인상적이다.

ⓔ _____ fleurs-ci sont très belles, mais _____ sont vraiment ravissantes.

이 꽃들은 매우 예쁘지만 저 꽃들은 정말로 매혹적이다.

3 알맞은 지시대명사 또는 지시형용사를 써보시오.

Giono, dans sa belle préface de 1952 pour <<la pléiade>>, parle, à propos de Machiavel, de sa <<franchise d'acier>>. C'est le moins que l'on puisse dire. Exemple: <<On peut dire des hommes généralement : qu'ils sont ingrats, changeants, simulateurs et dissimulateurs, lâches devant les dangers, avides de profit.>> : L'homme (femme comprise) est méchant, il n'attend que le moment de donner libre cours à sa méchanceté, et si _____ ne se voit pas tout de suite, c'est qu'il se cache. Mais le temps, <<père de la vérité>>, vous démontrera l'évidence. L'homme est méchant, et il n'y a aucun sauveur pour y remédier? Non. Le méchant sera donc _____ qui a osé dire _____ , à la barbe de tous les tartuffes.

Le Monde des Livres

장 지오노(1895-1970)는 자신의 1952년 플레이아드 판(版)의 아름다운 서문(préface)에서 마키아벨리 (이탈리아식 표기 Niccolo Machiavelli 1469-1527)의 <강철 같은 분명함>에 대해 말한다. 예컨대 적어도 다음과 같이 말할 수 있다.

일반적으로 사람들을 다음과 같이 말할 수 있다. 배은망덕하고, 변덕스러우며, 흉내를 잘 내고, 위선적이며, 위험 앞에서 비겁하고(lâche), 이권에 탐욕스럽다 (avide). 사람은 (여자를 포함해서) 사악하다. 그들은 사악함을 터트릴(donner libre cours à) 순간만을 기다리고 있으며 이것이 바로 보이지 않는다면 감추고 있는 것이다. 하지만 "진실의 아버지"인 시간은 당신들에게 증거를 보여줄 것이다. 인간은 사악하고 이를 치유할 어떤 구원자도 없단 말인가? 아니다. 악한 사람이란 감히 이것을 위선자들의 코앞에서 말하는 사람일 것이다.

르몽드 지(紙) 도서 편

4 알맞은 지시형용사 또는 지시대명사로 공란을 채워보시오

Bienvenue dans l'univers des branchés, décrits ici par leur magazine de pédilection, Wired, lors d'un symposium sur l'intelligence artificielle organisé _____ été à Stanford University, en Californie. Branchés au sens propre: 'Wired', connnectés, informatisés, en ligne. Ils constituent, en _____ ère de la communication, une nouvelle élite aux contours encore imprécis mais à la vitalité retentissante, qui, depuis des années aux Etas-Unis, impose sa dynamique propre: _____ : _____ de _____ qui ont accès à 'l'information'.

"'접속된' 세계에 오신 것을 환영합니다." 라고 그들이 좋아하는(de prédilection) 잡지는 설명하고 있다. 금년 여름 캘리포니아에 있는 스탠포드 대학교에서 열린 심포지움에서는 "유선(有線) 연결된"(Wired)이란 말을 사용했다. 브랑셰의 본래 의미는 유선 연결되고, 접속되며, 온라인 상에서 정보화된 것을 말한다. 커뮤니케이션의 영역에서, 아직은 불분명하지만 반향을 일으키는(retentissant) 활기를 띤 새로운 엘리트 그룹을 지칭하고 이들은 몇 년 전부터 미국에서 자신들 만의 역동성을 부과하고 있는데 그것은 정보에 대한 접근을 하는 사람들의 역동성이다.

12 지시사

5 해당되는 지시사를 써보시오.

L'avion d'Air Inter vient de décoller d'Orly-ouest pour Madrid. A son bord, une centaine de passagers, qui, dans la salle d'embarquement, parlaient français ou espagnol. Le commandant et le chef de cabine procèdent aux annonces rituelles: conditions et durée du vol, consignes de sécurité, etc. Dans quelles langues? Exclusivement en français et en anglais. Au passager interloqué par l'inadéquation entre la seconde langue des annonces et _____ d'une bonne partie des passagers - qui est aussi _____ de l'aéroport de destination -, une hôtesse répond que telles sont les instructions de la direction pour tous les vols nationaux et, depuis peu, européens de la compagnie. Aux Espagnols, Néerlandais et Portugais qui regagnent leur pays, on veut bien faire la faveur de les accepter comme clients, mais certainement pas _____ de les informer dans leur langue.

에어 앵테르의 비행기는 막 마드리드를 향해 서(西) 오를리 공항을 이륙했다. 비행기에는 100여명의 승객들이 있었는데 이들은 승강대합실에서 프랑스어나 스페인어로 말하고 있었다. 기장과 수석 승무원은 일상적인 공지를 전했다. 비행 조건과 시간, 안전 수칙(consignes de sécurité) 등. 어느 언어로? 프랑스어와 영어로만 했다.
안내방송에서 제2언어의 부적절함에 어안이 벙벙(interloqué) 한-특히 목적지로 가는- 대부분의 승객에게, 스튜어디스는 얼마 전부터 유럽 국적기에 내려진 지침이라고 말했다.
그들의 나라로 돌아가는 스페인인, 네덜란드인, 포르투갈인에게 고객으로 받아들이는 호의는 베풀지만 그들의 언어로 정보를 주는 호의는 베풀지 않고 있다.

패턴연습 12 해답

1 ① celui ② ce ③ ce ④ celui ⑤ ceux

2 ⓐ Je préfère celle-là.
저 방이 더 낫다.
ⓑ Elle n'aime pas cela.
그 여자가 그것을 좋아하지 않는다.
ⓒ J'ai demandé à tous ceux qui habitent dans cet immeuble, mais personne ne l'a vu.
나는 이 건물에 사는 모든 사람에게 물어보았지만 아무도 그를 보지 못했다.
ⓓ Tout cela est vraiment très impressionnant.
그 모든 것은 정말로 인상적이다.
ⓔ Ces fleurs-ci sont très belles, mais celles-là sont vraiment ravissantes.
grand-mère.
이 꽃들은 매우 예쁘지만 저 꽃들은 정말로 매혹적이다.

3 ceci, cela, celui, cela

4 cet, cette, celle, ceux

5 celle, celle, celle, cette, celui

유럽공통 참조기준

유럽 평의회(Council of Europe)가 유럽 연합(EU)의 언어문화 정책과 같은 맥락으로 복수 언어 교육에 필요한 큰 방향을 정했다. 이와 보조를 맞추어 프랑스어권, 독일어권에서도 공통 기준을 제시하면서 언어 교육과정이 전반적으로 변화하고 있다. 유럽 평의회가 '모든 사람을 위한', '일상생활에서 활용하기 위한', '학습자를 위한' 평생 언어 교육이라는 기본 원칙을 세운 후에 그 실행 방안을 마련하기 위해서 회원국들이 오랜 기간 공동 작업을 했다. 그 결실로 2001년에 『언어 학습·교수·평가를 위한 유럽공통 참조기준』(Common European Framework of Reference for Languages: Learning, Teaching, Assessment)이 공식적으로 도입되었다. 이 참조 기준에 맞추어 나라마다 유럽 언어 포트폴리오(European Language Portfolio)를 만들어 언어 교육에 활용하고 있다.

『유럽공통 참조기준』은 전 유럽의 언어교육을 위한 수업계획, 교육과정, 시험, 교재 등을 개발하기 위한 공통 기반을 마련한다. 이 참조기준에는 의사소통을 목적으로 언어를 사용하는 학습자가 배워야하는 내용과 효과적인 의사소통 행위를 위한 지식과 기능이 포괄적으로 기술되어 있다. 이 내용에는 언어를 기반으로 하는 문화적 맥락도 포함된다. 그리고 능력수준도 규정되어 있어서 평생 학습의 단계마다 학습 진척을 확인할 수 있게 한다.

유럽공통 참조기준의 의도는 유럽 내의 교육제도 차이에서 발생하거나 언어교육 종사자들 사이의 의사소통을 저해하는 장벽을 극복하도록 도와주는 데 있다. 이 참조기준은 목표, 내용, 방법을 명시적으로 기술하기 위한 공통 기반을 제공하며 어학강좌, 수업계획, 요강 그리고 능력검정의 투명성을 높이고 언어 영역에서의 국제협력을 강화하는데 기여한다. 이 같은 언어능력을 기술하기 위한 객관적 기준이 마련되면 상이한 배경에서 얻어진 능력 검정을 서로 인정하는 것이 더 용이해지고 이에 따라 유럽 내의 사회적 유용성도 촉진 될 것으로 본다.

유럽 공통 참조 기준은 글자 그대로 유럽의 언어 교육 방향을 제시하는 기본 틀이다. ALTE(The Association of Language Testers in Europe)의 수준 단계와 연계해서 국제적으로 비교할 수 있는 6단계(A1, A2, B1, B2, C1, C2)의 언어 능력 수준을 'Can Do Statements' 형식으로 성의하고, 이 능력 수준을 객관적으로 기술하는 기준을 제시한다. 그리고 언어 학습의 목적과 내용, 수준별 시험이나 평가, 자격 취득 등을 명확하게 기술할 수 있는 공통의 잣대를 제시한다.

유럽언어 공통참조기준은 초보자(A1, A2), 중급자(B1, B2), 상급자(C1, C2) 6단계로 구분된다. 따라서 누군가가 자신의 프랑스어 실력이 B1 수준이라고 말을 한다면, 이 사람은 중급 수준의 프랑스어를 구사한다는 의미이다.

프랑스어 문법

13
소유형용사, 소유대명사

13 소유형용사, 소유대명사

1 용법

1 소유형용사 : 누구의

소유형의 사용에서 제일 주의해야 할 것은 "소유대상의 성(性)"에만 신경을 써야지 소유자의 성(性)과는 무관하다는 것이다. 즉 내가 남자라도 내 넥타이(여성)는 여성

따라서 ma cravate.

그리고 다음과 같이 말함으로써 더욱 분명하게 구분할 수 있을 것이다.

Sa mère à lui, sa mère à elle.
그 남자의 어머니, 그 여자의 어머니

2 일반적으로 신체부위에 대해서 말할 때에 영어(She shook her head)에서와 달리 프랑스어에서는 정관사를 사용한다.

Elle a hoché la tête.
그녀는 머리를 끄떡였다.

Elle s'est cassé la jambe.
그녀는 다리를 부러뜨렸다.

Il lui a serré la main.
그는 그(그녀)에게 악수했다.

그러나 신체부위가 주어로 쓰일 때는 영어(His hands rested on the blanket)에서처럼 소유형용사가 사용된다.

Ses mains resposaient sur la couverture.
그의 손은 담요 위에 놓였다.

Ses jambes fléchirent.
그의 다리는 굽혀진다.

3 2인칭 votre와 vos는 단수, 복수에 모두 사용된다.

Voici votre billet, Madame.
여기 표 있습니다, 부인.

N'oubliez pas de ranger vos affaires, les enfants.
소지품 정리를 잊지 마라, 아이들아.

4 부정대명사 on, chacun, personne을 위한 소유형은 son, sa, ses가 일반적으로 사용된다.

Chacun avait apporté ses propres provisions.
각자 자기 휴대품을 갖고 왔다.

5 여성형 ma, ta, sa는 모음이나 무음 h앞에서는 mon, ton, son이 된다.

Mon école	내가 다니는 학교
mon autre voiture	나의 다른 차
son hésitation	그(그녀)의 주저함

13 소유형용사, 소유대명사

2 형태

소유형용사

소유자	단수		복수
	남성	여성	
je	mon	ma	mes
tu	ton	ta	tes
il/elle	son	sa	ses
nous	notre	notre	nos
vous	votre	votre	vos
ils/elles	leur	eur	leurs

소유대명사

le mien	la mienne	나의 것
le tien	la tienne	너의 것
le sien	la sienne	그/그녀의 것
le nôtre	la nôtre	우리 것
le vôtre	la vôtre	당신/당신들의 것
le keur	la leur	그들의 것

복수형 소유대명사

les miens	les miennes
les tiens	les tiennes
les siens	les siennes
les nôtres	les nôtres
les vôtres	les vôtres
les leurs	les leurs

Chacun a ses défauts : j'ai les miens, tu as aussi les tiens.
사람은 각자 자신의 단점들을 갖고 있다. 나는 내 단점을 그리고 너도 네 단점을 갖고 있다.

Mes parents et les leurs sont très intimes.
나의 부모님과 그들의 부모님은 매우 친하다.

1 on, chacun, personne 같은 부정대명사에 대한 소유대명사는 일반적으로 단수형이 사용된다.

Chacun avait apporté les siennes.
각자 자기 것을 갖고 왔다.

2 les siens은 흔히 "그의 가족'을 뜻하고, les nôtres는 '우리와 함께 하는 사람'을 의미하기도 한다.

Il n'était pas des nôtres.
그는 우리 편이 아니었다.

3 le/la nôtre, le/la vôtre 에서는 소유형용사 notre, votre와 달리 악쌍 씰콩프렉스(^)가 쓰이는 것에 주의해야 한다. 그리고 les nôtres, les vôtres에 해당되는 형용사는 각각 nos, vos이다.

13 소유형용사, 소유대명사

패턴연습 13

1 밑줄 친 부분을 알맞은 소유대명사로 써보시오.

① Ce parapluie est à moi. Où est votre parapluie?
이 우산은 내 것입니다. 당신 우산은 어디 있나요?

② Nos parents et leurs parents sont très intimes.
우리 부모님과 그들 부모님은 매우 친하다.

③ Je te prêterai mes disques à condition que tu me prêtes tes disques.
네 음반을 내게 빌려주면 나도 내 음반을 빌려주마.

④ Veuillez me donner votre photo ; en retour je vous offre ma photo.
당신 사진을 주세요. 그러면 내 것도 드리죠.

⑤ L'hirondelle construit son nid dans notre maison, le rossignol construit son nid dans les buissons,
제비는 우리집에 둥지를 짓고 나이팅게일은 덤불 속에 둥지를 짓는다.

2 알맞은 소유형용사를 써보시오.

ⓐ Je t'expliquerai _____ idée, et après tu me diras ce que tu en penses.
내 경험을 너에게 설명할 테니 너는 내게 생각하는 바를 말해보아라.

ⓑ Ils nous ont offert _____ condoléances.
그들은 우리에게 조의를 표했다.

ⓒ Nous n'avons jamais vu _____ voisins d'en face.
우리는 우리 이웃들을 정면에서 본 일이 없다.

ⓓ Maintenant elle habite une jolie petite maison. _____ ancienne maison était plus grande, mais beaucoup moins jolie.
그녀는 작은 예쁜 집에 살고 있다. 그녀의 옛집은 더 컸지만 덜 예뻤다.

ⓔ Nous avons fait de _____ mieux.
우리는 최선을 다했다.

3 이탤릭체 부분을 소유대명사로 다시 써보시오.

ⓐ J'ai oublié mon parapluie. Est-ce que je peux emprunter *ton parapluie*?
내 우산을 잊고 왔다. 네 것을 빌료줄 수 있니?

ⓑ J'ai fini ma dissertation hier soir. Quand est-ce que tu auras terminé *ta dissertation*?
나는 어제 저녁에 논문 작성을 끝냈다. 너도 논문을 끝내게 되니?

ⓒ Il en a déjà parlé à ses parents. Je vais en parler *à mes parents* ce soir.
그는 그것을 자기 부모님께 이미 말했다. 나도 내 부모님께 오늘 저녁에 말하겠다.

ⓓ Leurs enfants s'entendent bien avec *nos enfants*.
그들의 아이들은 우리 애들과 잘 지낸다.

ⓔ Mes parents me laissent prendre mes propres décisions, mais *ses parents* sont beaucoup plus autoritaires.

나의 부모님은 내가 스스로 결징하도록 내버려두지만 그의 부모님들은 더 권위적이다.

4 알맞은 소유형용사로 보들레르의 아래 시를 완성시켜보시오.

L'INVITATION AU VOYAGE

_____ enfant, _____سur,

Songe à la douceur,

D'aller là-bas vivre ensemble!

Aimer à loisir,

Aimer et mourir

Au pays qui te ressemble!

Les soleils mouillés

De ces ciels brouillés

Pour _____ esprit ont les charmes

Si mystérieux

De _____ traîtres yeux,

Brillant à travers _____ larmes,

Là, tout n'est qu'ordre et beauté,

Luxe, calme et volupté.

Des meubles luisants,

Polis par les ans,

Décoreraient _____ chambre;

Les plus rares fleurs

Mêlant _____ odeurs

Aux vagues senteurs de l'ambre,

Les riches plafonds,

Les miroirs profonds,

La splendeur orientale,

Tout y parlerait

A l'âme en secret

_____ douce langue natale.

Là, tout n'est qu'ordre et beauté,

Luxe, calme et volupté.

Baudelaire, Les Fleurs du Mal

보들레르 시집 『악의 꽃 Les Fleurs du Mal 』 중에서

여행에의 초대

내 아이여, 내 자매여
그곳에 가서 함께 사는
감미로운 꿈을 꾸자꾸나
널 닮은 나라에서
한가로이 사랑하고,
사랑하다 죽고

13 소유형용사, 소유대명사

안개에 젖은 하늘에
축축해진 태양은
내 영혼을 위한
아름다움을 지녔으니
그토록 신비스럽게
그들의 눈물을 지나와
너의 그 눈 속에서 반짝이도록

거기엔 모든 게
호사롭고 조용하고 관능적인
질서와 아름다움뿐
우리의 방을 장식하는
긴긴 세월에 닦여
윤기 나는 가구들
줄기의 그윽한 내음과 섞인
가장 희귀한 꽃들의 향기
풍요로운 천정들
깊숙한 거울들
동양의 찬란함
모든 것이
각자의 감미로운 모국어로
비밀스런 영혼을 노래할 것이다

거기엔 모든 게
호사롭고 조용하고 관능적인
질서와 아름다움뿐

5 다음을 프랑스어로 옮겨보시오.

ⓐ 그녀는 자신의 초등학교를 좋아했다. 그녀의 초등학교는 그녀의 마음에 들었다.
école primaire

ⓑ 당신의 표를 잃지 마세요.
oublier, billet

ⓒ 이 서명은 그의 것이 아니다.
signature

ⓓ 보급품은 없을 것이다. 각자 자기 것을 가져와야 한다.
provision

ⓔ 우리는 역에서 그의 친구 가운데 하나를 만났다.
à la gare

ⓕ 그의 소식을 들으셨나요?
nouvelle

패턴연습 13 해답

1 ① le vôtre ② les leurs ③ les tiens ④ la mienne ⑤ le sien

2 ⓐ mon idée ⓑ leurs condoléances. ⓒ nos voisins ⓓ Son ancienne maison ⓔ notre mieux.

3 ⓐ ... emprunter le tien?
ⓑ ... terminé la tienne?
ⓒ ... parler aux miens ce soir.
ⓓ Leurs enfants s'entendent bien avec les nôtres.
ⓔ ... mais les siens sont beaucoup plus autoritaires.

4 Mon enfant, ma sœur, mon esprit, tes traîtres yeux, leurs larmes, notre chambre, leurs odeurs, sa douce langue natale

5 ⓐ Elle aimait beaucoup son école primaire; son école primaire lui plaisait beaucoup.
그녀는 자신의 초등학교를 좋아했다. 그녀의 초등학교는 그녀의 마음에 들었다.
ⓑ N'oubliez pas vos billets.
당신의 표를 잃지 마세요.
ⓒ Cette signature n'est pas la sienne.
이 서명은 그의 것이 아니다.
ⓓ Il n'y aura pas de provisions. Chacun doit apporter les siennes.
보급품은 없을 것이다. 각자 자기 것을 가져와야 한다.
ⓔ Nous avons rencontré un de ses amis à la gare.
우리는 역에서 그의 친구 가운데 하나를 만났다.
ⓕ Avez-vous eu de ses nouvelles?
그의 소식을 들으셨나요?

프랑스의 언어정책

근대 국가의 성립 이후 프랑스의 문화정책은 강력한 중앙집권적 정책으로 특징지어진다. 절대왕정에서 비롯된 이 노선은 국가가 주도적 입장에서 문화 활동을 지원하고 조직한다. 언어정책을 문화정책의 일환으로 보고 있는 프랑스에서 중앙 집권적 노선은 언어정책의 중심을 차지하고 있다. 모든 공문서에서 프랑스어 사용을 의무화한 1539년 빌레르 코트레 (Villers-Cotterêts) 칙령에서 프랑스어의 공적 사용을 다시 의무화한 공화국 2년 열월 (Thermidor) 2일 (1794년 7월 2일) 법령을 거쳐 1994년 투봉법에 이르기까지 프랑스어 수호와 확산을 위한 노력은 여러 법률과 제도를 통해 구체화되어 왔다.

지난 1994년에 제정된 "투봉법"(loi Toubon)로 불리는 프랑스어 사용관련법이 제정된 지 어느새 28년이 흘렀다. 1994년 프랑스어 사용관련법은 발의한 당시 문화부 장관 자크 투봉 Jacques Toubon의 이름을 따와서 "투봉법'으로 불리고 있다. 언어문제에 대한 국가의 개입, 그것도 실제적 필요 이상으로 개입한다는 프랑스의 전통은 이미 잘 알려진 바이긴 하지만, 언어의 국가 통제라는 무리수를 두면서 제정된 이 법은 프랑스어의 수호라는 원래의 목적을 어느 정도 달성했다는 평가를 받고 있다.

하지만 프랑스 국내에서 이에 대한 비판적인 시각을 다룬 자료는 찾기 어려운 실정이고 균형 있는 시각을 찾기는 어려운 실정이다.

프랑스의 언어정책은 프랑스어 사용관련법을 중심으로 이뤄지고 있다. 그리고 그 중심 역할은 프랑스 언어국(DGLFLF)이 맡고 있다. 법률을 통해 언어사용법을 강제했다는 의미에서 최초의 프랑스어 사용법은 1975년에 국회에서 만장일치로 통과되어 1976년 1월 4일자 관보에 공포되었다. 이 법의 별칭인 바-로리올 법은, 1975년에 국회에 법안을 제출한 두 국회의원(Bas, Lauriol)의 이름에서 따왔다. 최초의 실무 기구인 프랑스어 총괄사무국은 1984년 2월 9일자 법령으로 설치되었고, 1989년 6월 2일자 법령에 의해 프랑스어 관할국(DGLF)이 되었다. "프랑스어의 수호와 보급을 위한 적절한 조치를 연구하고, 대외 문화·기술 협력 분야에서 유관 기관과 연대하며, 프랑스어의 수호와 보급에 관련된 모든 활동을 촉진하고 권장하는" 임무의 프랑스어 고등위원회가 활동하고 있었지만, 이것은 자문기구였다. 1972년 1월 7일자 법령에 의해 설치된, 프랑스어 다양화를 위한 부처별 전문용어 위원회 역시, 그 임무가 전문용어·신조어 제안과 보급으로 제한되어 있었다. 프랑스는 1992년에 체결된 마스트리히트 조약을 승인하기 위한 헌법 개정 당시 조약의 승인과는 직접 관계가 없는 "공화국의 언어는 프랑스어이다"라는 조항을 제2조에 신설하고 이를 구체화하기 위한 프랑스어 사용관련법을 제정하기에 이른다. 본 논문에서는 1994년 프랑스어 사용관련법을 중심으로 그 제정의 성과와 문제를 살펴보기로 한다.

투봉 법 제1조는 다음과 같이 시작한다.
제1조
헌법에 의해 공화국의 언어로 선포된 프랑스어는, 프랑스의 인격과 문화유산의 기본적 요소이다. 프랑스어는 교육, 노동, 교역, 공공업무의 언어이다. 프랑스어는 프랑스어권 공동체를 구성하는 국가들 사이의 특권적인 연결 요소이다.

프랑스어 문법

14
정관사와 부정관사

14 정관사와 부정관사

1 용법

프랑스어의 관사에는 정관사, 부정관사 그리고 부분관사가 있다.
정관사와 부정관사는 영어의 the 그리고 a/an을 생각하면 크게 다르지 않고 부분관사는 "어느 정도의 양"을 나타낸다.

Je mange du pain, 나는 빵을 좀 먹는다.
즉 some of라고 할 수 있다.

2 형태

1 정관사

> le 남성단수 명사 앞
> la 여성단수 명사 앞
> les 남녀성복수 명사 앞

남성명사

le père	아버지
le jardin	정원
l'oiseau	새
l'homme	남자, 사람
les arbres	나무

여성명사

la mère	어머니
la maison	집
la fleur	꽃
l'histoire	역사
les étoiles	별

- 프랑스어에서는 다음과 같이 일반화 시키는 의미로 "...을 좋아하다" 또는 "싫어하다"라는 표현에서 정관사를 사용한다.

J'aime le thé, je déteste le vin.
나는 차를 좋아하고 와인을 싫어한다.

- le, la는 무음의 h앞에서는 l'homme, l'huile에서 처럼 축약이 일어난다. 하지만 유음(aspiré)의 h 앞에서는 축약현상이 일어나지 않는다.

le héros 영웅, la hiérarchie 계급, 서열

1 부정관사

> le 남성단수 명사 앞
> la 여성단수 명사 앞
> les 남녀성복수 명사 앞

un frère 형제	une soeur 자매
un livre 책	une revue 잡지
des frères 형제들	des soeurs 자매들

des livres   책들   des revues   잡지
un élève   남학생   une élève   여학생

des와 les의 구분은 외국어로 프랑스어를 구사하는 사람에게는 항상 주의해야 할 일이다.
des는 un(e)의 복수라는 점을 생각하면서 des/les를 구분하자.

L'araignée est un isecte. > Les araignées sont des insectes.
거미는 곤충이다. > 거미들은 곤충들이다.

1 부분관사

부분관사는 전치사 de 다음에는 항상 생략된다.
J'ai du café. 그러나 J'ai besoin de café. (나는 커피가 필요하다)
J'ai des amis. 그러나 'J'ai besoin d'amis. (나는 친구들이 필요하다)

- 문어체에서 복수 형용사 앞에서 des는 de로 사용된다. de grandes découvertes (커다란 발견들) 그러나 명사군(群)이 고정된 것으로 느껴지는 다음과 같은 표현에서는 지켜지지 않기도 한다.

  des jeunes hommes 젊은이들
  des petits pois   완두콩

패턴연습 14

1 빈칸을 관사 또는 de로 채우고 필요 없을 경우 공란으로 남겨두시오.

ⓐ Beaucoup ____ étudiants trouvent la plupart ____ exercices ____ grammaire extrêmement ennuyeux.
많은 학생들은 연습문제의 대부분이 지독하게 지루하다고 생각한다.

ⓑ Dans ____ article en forme ____ lettre, Jean Boissonnat, ____ journaliste à l'entreprise, passe en revue ____ différentes méthodes ____ travail dans ____ principaux pays industrialisés. Bien sûr, il ne fait pas ____ critiques de ____ France.
서신 형식의 기사에서 기업담당 기자 장 봐쏘나는 주요 국가들의 다양한 업무 형태를 점검했다. 물론 그는 프랑스를 비평하지는 않았다.

ⓒ Manger ____ nouilles sans ____ beurre et sans ____ sel quelle horreur!
버터와 소금 없이 국수를 먹는 것, 얼마나 끔찍한 일이냐!

ⓓ ____ chats ____ siamois montrent beaucoup plus ____ affection que ____ chats gouttière
샴 고양이는 도둑고양이 보다 훨씬 애정을 나타낸다.

2 정관사 또는 부정관사로 공란을 채우시오.

ⓐ ____ loutres sont ____ animaux très timides.
수달은 매우 내성적인 동물이다.

ⓑ Nos___ étudiants sont tous ___ Ecossais.
우리 학생들은 모두 스코틀랜드인이다.

ⓒ ___ bibliophiles sont ___ gens qui aiment ___ livres.
비블리오필은 책을 좋아하는 사람들이다.

ⓓ ___ muscatels sont ___ raisins secs de Malaga.
뮈스카텔은 말라가의 건포도이다.

3 이탤릭체 부분을 복수로 써보시오.

ⓐ La cuisine était pleine d'*une odeur délicieuse*.
부엌은 맛있는 냄새로 가득하다.

ⓑ Elle a reçu de l'argent pour la vente d'*un article*.
그녀는 품목을 팔고 돈을 받았다.

ⓒ Nous avons besoin d'*un ami*.
우리는 친구가 필요하다.

ⓓ Elle a vécu pendant deux jours d'un yaourt et d'*une pomme*.
그녀는 이틀을 요구르트 하나와 사과 하나로 살았다.

4 관사 또는 **de**로 빈칸을 채우시오.

___ FRANCE. Quelle idée de critiquer ___ méthodes ___ travail chez ___ autres sans songer qu'il y aurait peut-être ___ critiques à faire sur ___ France.

Cette France, qui prend Paris pour ___ centre du monde, et qui voudrait faire ___ loi à ___ Europe. Que___ Français se souviennent que s'ils ont ___ Parlement européen à Strasbourg, c'est nous ___ Belges (qu'ils traitent souvent ___ pauvres idiots) qui avons ___ Commission Européenne. C'est Bruxelles qui est ___ deuxième centre mondial du point ___ vue du nombre ___ ambassades, ___ corps ___ presse etc. C'est à Bruxelles qu'il y a ___ bureaux européens des grands agents économiques, tels ___ syndicats et ___ patronats. Alors, que ___ Français agissent plutôt que de passer leur temps à critiquer ___ autres pays. Trop ___ paroles et trop peu ___ action-voilà un problème bien propre à ___ France!

프랑스. 어떻게 자신들도 비판 받을 수 있다는 것은 꿈도 못 꾸고(songer) 다른 나라들의 작업 방식을 비판할 수 있을까? 이 프랑스는 빠리를 세계의 중심으로 여기며 유럽에 법을 만들려고 한다. 프랑스인들이 스트라스부르에 유럽의회(Parlement européen)를 갖고 있다는 것을 떠올린다면 우리 벨기에인 (그들은 흔히 우리를 불쌍한 바보로 여긴다)은 유럽집행위원회(Commission Européenne)를 갖고 있다. 대사관의 수, 언론 기관의 수의 관점에서 보면 브뤼셀은 세계 2위의 도시이다. 브뤼셀에는 또한 노조와 고용주들 같은 경제 주체들의 사무소들이 있다. 자, 얼마나 프랑스인들은 그들의 시간을 다른 나라를 비판하는데 쓰고 있는가. 말은 지나치게 많고 행동은 거의 없는 것, 이것 이야말로 프랑스의 문제이다.

5 관사 또는 de로 공란을 채워 보시오.

Au cours ___ trente dernières années, ___ habitudes alimentaires ___ Français ont quelque peu changé. Il mangent moins et de façon différente, dépensent moins pour ___ nourriture et passent toujours moins ___ temps à table. Avec

____ progrès de ____ mécanisation et de ____ automatisation, ____ Français ont besoin de moins ____ calories. De 2500 calories en moyenne par jour il y a cinquante ans, ils en absorbent aujourd'hui 2000 pour ____ hommes et 1800 pour ____ femmes.

____ nombre ____ heures passées à table décline également. De près de 2h 30 en 1965, il est tombé à 1h 20 en 1995.

지난 30년 동안 프랑스인의 식사 습관은 다소 변했다. 그들은 덜 먹게 되었고 방법도 달라졌으며 음식(nourriture)에 대한 지출도 감소했고, 식탁에서 보내는 시간도 줄었다. 기계화(mécanisation)와 자동화(automatisation)의 발전으로 프랑스인들은 더 적은 칼로리를 필요로 하게 되었다. 50년 전, 1일 평균 2500 칼로리에서 오늘날 남자는 2천 칼로리, 여자는 1800칼로리를 섭취한다. 식탁에서 보내는 시간도 마찬가지로 줄었다. 지난 1965년 2시간 30분에서 1995년 1시간 20분이 되었다.

14 정관사와 부정관사

패턴연습 14 해답

1 ⓐ Beaucoup d'étudiants, des exercices de grammaire.

ⓑ un article en forme de, J. Boissonnat, journaliste (관사 없음), les différentes méthodes de travail dans les principaux pays, pas de critique de la France.

ⓒ des nouilles sans beurre et sans sel.

ⓓ Les chats, plus d'affection, les chats de gouttière.

2 ⓐ Les loutres sont des animaux très timides.
수달은 매우 내성적인 동물이다.

ⓑ Nos étudiants sont tous des Ecossais. (여기서 écossais는 명사)
우리 학생들은 모두 스코틀랜드인이다.

ⓒ Les bibliophiles sont des gens qui aiment les livres.
비블리오필은 책을 좋아하는 사람들이다.

ⓓ Les muscatels sont des raisins secs de Malaga.
뮈스카텔은 말라가의 건포도이다.

3 ⓐ d'odeurs délicieuses ⓑ d'articles ⓒ d'amis ⓓ de yaourts et de pommes

4 La France, les méthodes de travail, les autres, des critiques, la France, le centre, la loi, l'Europe, les Français, un Parlement, les Belges, de pauvres idiots, la Commission, le deuxième centre, point de vue, nombre d'ambassades, de corps de presse, les bureaux, les syndicats, les patronats, les Français, les autres, Trop de paroles et trop peu d'actions, la France

5 des trente dernières années, les habitudes, des Français, la nourriture, moins de temps, les progrès, la mécanisation, l'automatisation, les Français; moins de calories, les hommes, les femmes,

프랑스어의 미래

"프랑스어의 미래"는 1901년 제정된 협회관련 법에 따라 1992년에 창립된 프랑스어 수호협회이다. 현 회장은 자메이카 주재 프랑스 대사를 역임한 알레르 살롱 Albert Salon이며 부회장은 알랭 비비앵Alain Vivien이 맡고 있다. 협회는 파리에 본부를 두고 있다. 1994년 8월 제정된 투봉 법을 제대로 적용할 수 있도록 문화공보부의 승인을 받은 단체이다.

3개월 마다 협회의 이름과 같은 제목의 간행물을 발간하고 있으며 이 간행물 "프랑스어의 미래"(Avenir de la langue française)는 "프랑스 국내에서 프랑스어의 사용을 감독하고 투봉 법을 제대로 적용하도록 하는 사용자 지침서"를 표방하고 있다.

"프랑스어의 미래"는 지난 1992년 르몽드지(紙)에 대통령, 정부와 의회 의원에게 보낸 두 가지 호소문이 실린 이후 이 글에 공감하는 사람들을 중심으로 하여 태어나게 되었다. 이 호소문에서는 다음 사항들을 요구했다.

- 프랑스 국내에서 진정한 교육의 균등과 함께 외국어 학습의 다양화
- 프랑스 국내와 세계에서 프랑스어로 된 정보를 확대하고 시청각 영역을 확대한다.
- 유럽 각급 수준의 기관에서 효과적으로 프랑스어를 사용한다.
- 헌법에서, 프랑스어는 단지 공화국의 언어일 뿐만 아니라 교육과 노동의 언어라는 점을 상기시켜야한다.
- 프랑스는 유럽에서 뿐 아니라 국제적인 프랑스어 공동체(communauté francophone internationale) 건설에 참여해야 한다.
- 1975년 12월 31일 자 프랑스어 사용법을 프랑스 내 모든 사용 분야를 다루고 효과적으로 작용될 수 있도록 개정해야 한다.

이 같은 호소는 예술가, 작가, 기자, 역사학자, 과학자 등 1천100명의 서명을 받았다. 이에 힘입어 이른바 "투봉 법"으로 불리는 1994년 8월 4일자 법은 특히 다음의 9부류의 사람들의 언어적 권리를 고려해 제정하게 되었다.

- 재화와 서비스의 소비자와 사용자
- 도로, 공공장소 그리고 대중교통 이용자
- 집회, 학회 참가자
- 출판물, 정기간행물의 독자
- 봉급생활자
- 구직자
- 학생, 교원, 연구원
- TV 라디오의 시청자와 청취자

시민의 언어적 권리를 강화하는 것뿐만 아니라 새로운 행동 양상도 갖게 되었다. 말하자면 문화공보부 장관이 범법행위에 대해 시민단체에 부여한 언어 수호 권리를 행사할 수 있게 된 것이다. 1994년 이 법의 위반에 대한 사법적 대응을 효과적으로 하기 위해 이를 전담할 "이해할 권리"(Droit de comprendre) 를 만들기도 했다.

프랑스어 문법

15
형용사

15 형용사

1 내용

1 형용사를 성·수에 일치 시키기

beau, fou, mou, nouveau, vieux 는 모음이나 무음 h 앞에서 쓰이는 "남성 제2형"을 갖는다.

 un bel homme   멋진 남자

2 -s, -x로 끝나는 형용사는 남성 복수형에서 변하지 않는다.

 des gens heureux 행복한 사람들
 des mur gris   회색 벽들

3 banal/banals과 같은 몇몇 예외를 제외하고는 -al로 끝나는 형용사의 남성 복수는 -aux가 된다. 그러나 여성 복수형의 형태는 변함이 없다.

 les routes nationales 국도(國道)들

-eau 로 끝나는 형용사의 남성복수형은 -eaux이다.
 les nouveaux villages 새 마을들

4 tout 형용사의 남성복수는 tous 이다.

E. 형용사처럼 쓰이는 현재분사는 수식하는 명사의 성, 수에 일치시켜야한다.

une histoire amusante   재미있는 이야기

형용사가 문장의 맨 앞에 나오더라도 성, 수에 일치시키는 것을 잊어서는 안 된다.

Isolées et sauvages, ces îles offrent un paysage magnifique
고립되고 원시상태지만 이 섬들은 기막힌 경치를 제공한다.

명사가 형용사 또는 <de + 명사>를 동반하는 다음과 같은 표현에서 형용사의 일치에 주의해야한다.

un bain de mer rafraîchissant (상쾌하게 하는 해수욕)
이 때 rafraîchissant은 mer가 아니라 bain에 일치시켜야한다.

2 형태

> **형용사의 어순**
>
> 다음은 영어와 어순이 판이하게 다른 경우로 주의해야한다.
>
> les quatre premières pages
> 첫 네 페이지
> les trois derniers jours
> 마지막 사흘

패턴연습 15

1 괄호안의 형용사를 알맞은 형태로 써보시오.

Ne manquez pas de visiter cette grotte (tapissé) d'une multitude de concrétions (cristallin) et (orné) de dessins datant de plus de 20000 ans. Découverte le 16 octobre 1920 et classée Monument Historique le 16 mai 1925, La Grotte des Merveilles s'ouvre sur le Causse de Rocamadour, (vaste) plateau (calcaire) rongé par l'écoulement des eaux (souterrain). C'est l'action (continuel) de cette eau depuis plusieurs milliers d'années qui a tapissé la grotte de (joli) concrétions où se mirent des myriades de stalactites qui, au gré des éclairages, deviennent des statues, des montagnes ou des presqu'îles. Mais le point (fort) de votre visite sera votre rencontre avec l'art du paléolithique (supérieur).

수많은 수정처럼 맑은 응고물(concrétion)과 2만년 이상 된 그림으로 꾸며진 벽이 장식된 동굴(grotte) 방문을 놓치지 마세요. 1920년 10월 16일 발견되고 1925년 5월 16일 역사적 기념물로 분류되었다. 경이(Merveille)의 동굴은 넓은 고원이며 지하수에 의해 침식된(rongé) 로카마두르의 석회질 고원에서 시작된다. 지하수의 끊임없는 움직임은 수천 년 이상 된 것이고 동굴에 예쁜 응고물을 만들어주었는데, 그곳에 나타난 무수히 많은 종유석(stalactite)들은 조명에 따라 (au gré de) 동상이나 산 또는 반도처럼 보인다. 그러나 이곳을 방문해야 하는 큰 이유는 대단한 구석기 시대 예술과의 만남 때문이다.

2 괄호안의 형용사를 알맞은 형태로 써보시오.

ⓐ Il vient d'acheter une voiture (nouveau, américain). Il a vendu sa voiture (ancien) à sa fille (aîné).
그는 얼마 전에 새 미국차를 샀다. 그는 헌차는 큰 딸에게 팔았다.

ⓑ Que pensez-vous de sa pièce (dernier) de théâtre? Elle me paraît (sensationnel).

그의 지난 번 연극 어땠어요? 센세이션을 불러일으킬 것처럼 보이더군요.

ⓒ Elle va visiter sa tante (vieux) et lui apporter ces gâteaux (délicieux).

그녀는 자신의 늙은 숙모를 방문해 맛있는 케이크를 갖다 드리려고 한다.

ⓓ Encore de ces histoires (banal)! Racontez-moi quelque chose de plus (intéressant).

여전히 평이한 이야기냐! 좀 더 재미있는 이야기를 해다오.

ⓔ Les routes (national) sont toujours (encombré) au mois d'août.

국도는 8월에 늘 포화상태이다.

ⓕ Elle porte une jupe (bleu foncé) et une chemise (bleu clair). (Tout) les deux sont (neuf)

그녀는 짙은 푸른색 치마와 밝은 파란색 블라우스를 입고 있다. 둘 다 새 것이다.

3 다음을 프랑스어로 옮기시오.

ⓐ 이 지역은 낡은 건물들의 무질서한 모임과 옛 농가 폐허로 이뤄져 있었다.
　se composer de, une masse de

ⓑ 이 멋진 옛 회화들은 매우 어려운 보존 문제를 제기한다.
　poser un problème

ⓒ 영국의 작은 지방도시에 산다면 현대 프랑스 영화를 보기가 매우 어렵다.
si l'on habite

ⓓ 프랑스의 대외 정책은 상당한 가변성을 보인다.
la politique étrangère

패턴연습 15 해답

1 tapissée, cristallines, ornée, vaste, calcaire, souterraines, continuelle, jolies, fort, supérieur,

2 ⓐ Il vient d'acheter une nouvelle voiture américaine.
Il a vendu son ancienne voiture à sa fille aînée.
ⓑ Que pensez-vous de sa dernière pièce de théâtre?
Elle me paraît sensationnelle.
ⓒ Elle va visiter sa vieille tante et lui apporter ces délicieux gâteaux.
ⓓ Encore de ces histoires banales! Racontez-moi quelque chose de plus intéressant.
ⓔ Les routes nationales sont toujours encombrées au mois d'août.
ⓕ Elle porte une jupe bleu foncé et une chemise bleu clair. Toutes les deux sont neuves.

3 ⓐ Le site composait d'une masse désordonnée de vieux bâtiments, les ruines d'une ancienne ferme.
ⓑ Ces beaux vieux tableaux posent un prolème de conservation très difficile.
ⓒ Il est très difficile de voir des films français contemporains si l'on habite une petite ville provinciale en Grande-Bretagne.
ⓓ La politique étrangère française témoigne d'une certaine variabilité.

유럽연합의 언어

EU는 27개국으로 확대되었고 공용어는 11개에서 23개로 늘어났다. 언어 문제는 더욱 복잡해졌고 통·번역을 위한 예산도 연간 1억 500만 유로에서 1억 4천만 유로로 늘어나게 되었다. 이 글에서는 EU내에서 자국어의 위상을 유지하려는 프랑스의 노력을 중심으로 살펴보고자 한다. 유럽연합에서 사용되는 언어는 1958년 4월에 제정된 규칙 제1조를 따르고 있다. 기구가 확대될 때마다 보완되어온 이 조항은 공용어(langue officielle)와 실무 언어(langue de travail)들에 있어서 평등의 원칙을 제시한다. 이 텍스트는 "유럽연합 내 각 기관의 공용어와 실무 언어는 독일어, 영어, 덴마크어, 스페인어, 핀란드어, 프랑스어, 그리스어, 이탈리아어, 네덜란드어, 포르투갈어 그리고 스웨덴어이다"라고 지적 한다. 이 규칙에 따르면 회원국이 유럽연합 기관에 제출하는 문건은 이 공용어들 가운데 하나를 선택해 작성해야하며, 답변 또한 같은 언어로 작성된다. 유럽연합의 여러 규칙들과 일반적인 사안의 다른 문서들 그리고 유럽공동체 관보의 경우는 이 모든 공용어들로 작성해야 한다. 이 같은 언어 체제의 적용 양식은 각 기관의 내부 규칙에 따라 기관별로 달리 결정될 수 있다.

그러나 이 원칙들은 주요 기관들의 내규에서 일반적으로 다시 채택되며, 다음과 같은 항목들을 언급할 수 있다:

유럽의회(Parlement Européen)의 내규는 여러 가지의 언어 관련 규정들을 포함하고 있다. 사무국의 결정, 의장들과 재무관들 간의 회의, 의원들이 작성한 선언문 등을 공지하는 일이나, 이사회의 공통된 입장을 일리는 일 그리고 표결에 부쳐지는 수정안이나 처벌 등에 대한 의사소통을 위해서는 공용어들의 사용이 보장된다. 제 102 조는 특히 "의회의 모든 서류는 모든 공용어로 작성해야한다"고 규정하고 있으며 " 하나의 공용어로 한 발언은 다른 모든 공용어들과 사무국이 필요하다고 판단하는 모든 언어로 동시통역 되어야한다" 고 규정하고 있다.

유럽 공동체 재판소와 1심 재판소의 내규는 프랑스어에 특혜를 주고 있다. 이곳에서 프랑스어는 유일한 의결 언어이다. 소송에 선택되는 언어는 공용어 가운데 하나 또는 아일랜드어로 제한하고 있다.

프랑스어 문법

16
비교급, 최상급

16 비교급, 최상급

1 내용

비교급은 글자 그대로 "~ 가운데에서 더욱 ~한"
최상급은 "~ 가운데에서 제일 ~한"을 뜻한다.

Louis est plus/aussi/moins heureux que Jean.
루이는 장 보다 더 /만큼/보다 덜 행복하다.

1 비교급

- 비교의 기본은 다음과 같다. plus ...que 우등(~보다 더 나은), aussi ... que 동등(~와 같은), moins ...que 열등 (~보다 못한) 비교

    Il fait aussi chaud qu'hier.
    날씨가 어제 만큼 덥다.

    Ce dictionnaire est moins complet que le tien.
    이 사전은 네 것 만큼 완전하지 않다.

- 위 구조는 부사에서도 마찬가지이다.

    Il s'exprime plus clairement que les autres.
    그는 다른 사람들보다 명쾌하게 설명한다.

Je le fais aussi rarement que possible.
나는 가능하면 자주 하지 않으려 한다..

Ce bateau va moins vite que celui-ci.
저 배는 이 배보다 느리다.

- 비교급 다음에 종속절이 올 때 문어체에서는, "허사"라고 불리는 ne가 쓰이는 경우도 있다.

C'est plus sinistre que vous ne le croyez.
당신이 생각하시는 것 보다 더 음산합니다.

- 부정문에서 plus, moins은 변하지 않지만 aussi는 흔히 si로 바뀐다.

Il n'est pas aussi riche que tu l'imagines.>Il n'est pas si riche que tu l'imagines.
그는 네가 생각하는 것처럼 부유하지는 않다.

- 명사를 비교하기 위해서는 <plus de, autant de , moins de + 명사>를 쓴다.

Elle a eu moins de chance que Céline.
그녀는 셀린느 보다 운이 없었다.

2 형태

1 비교급

우등비교	**plus ~ que**
동등비교	**aussi ~ que**
열등비교	**moins ~ que**

2 최상급

- 비교급과 마찬가지로 최상급도 형용사와 부사 모두 같은 ;e/la plus, le/la moins과 같이 쓰인다.

    Elle lui rend visite le plus souvent possible.
    그녀는 가능한 한 자주 그(그녀)를 방문한다.

- 일반적인 최상급의 어순은 다음과 같다.

    Le jeune grand maître   젊은 거장
    le plus jeune grand maître 가장 젊은 거장(巨匠)

    Un acteur connu   알려진 배우
    l'acteur le plus connu 가장 알려진 배우

- "....에서 가장 ~한"이란 표현에서 "...에서"는 **de**를 사용한다.

    La personne la plus célèbre de la ville.
    그 도시에서 가장 유명한 사람

- 주관적인 판단을 동반하는 최상급은 접속법인 동사가 따라온다.

   C'est le meilleur film que j'aie jamais vu.
   내가 본 어떤 영화 보다 훌륭한 영화이다.

3 불규칙형

- bon과 bien의 비교급과 최상급은 다음과 같다.

	비교급	최상급
형용사 bon(ne)	meilleur(e)(s/es)	le/la/les meilleur(s/es)
부사 bien	mieux	le mieux

이 비교의 표현은 다음과 같이 명사의 앞이나 뒤에 올 수 있다.

Les meilleurs danseurs de la compagnie.
Les danseurs les meilleurs de la compagnie.
무용단에서 가장 훌륭한 무용수들

	비교급	최상급
- mauvais(e)	plus mauvais(e)	le/la/les plus mauvais(e)(es)
	pire	le/la/les pire(s)
mal	plus mal	le plus mal
	pis	le pis

plus mauvais 가 pire(일반적으로 도덕적으로 나쁜) 보다 더 자주 쓰인다.

16 비교급, 최상급

Le pis est qu'il est parti avec l'argent.
가장 나쁜 일은 그가 돈을 갖고 떠났다는 것이다.

- petit(e)   plus petit(e)(s/es)   le/la/les plus petit(e)(s/es)
             moindre(s)   le/la/les moindre(s)

plus petit는 "크기/사이즈"를 moindre는 "중요함"을 기준으로 말할 때 쓰인다.

- beaucoup의 비교급은 plus, 최상급은 le plus 이다.
  davantage도 beaucoup의 비교급으로 쓰인다.

Il vous faudra travailler davantage. 당신은 더 일해야 할 것이다.

peu의 비교급은 moins이다
Elle a peu de temps libre, j'en ai encore moins.
그녀는 자유시간이 별로 없었는데 나는 더 없었다.

4 "이중" 비교

- **Plus... plus** 더~ 하면 더 ~하다 , **moins... moins** 덜 ~하면 덜 ~한다

Plus je lis les journaux, plus je m'intéresse à la politique.
내가 신문을 더 읽을수록 정치에 대한 관심이 커진다.

Moins je l'écoute , moins je comprends.
나는 그의 말을 덜 들을수록 덜 이해하게 된다.

위의 두 표현이 아래처럼 혼합되어 쓰이기도 한다.
Moins je mange, plus je maigris. 나는 덜 먹을수록 마른다.

- **de plus en plus** 점점 더 , **de moins en moins** 점점 덜

  Il fait de plus en plus froid.
  날씨가 점점 추워진다.

  J'ai de moins en moins envie de travailler.
  나는 점점 일할 욕구가 없어진다.

- **d'autant plus/moins que** ..인 만큼 더욱

  Elle aura d'autant plus de temps qu'elle sera en vacances.
  그녀는 휴가가 되는 만큼 더욱 시간이 많아질 것이다.

패턴연습 16

1 적당한 말로 비교의 문장을 만들어 보시오.

ⓐ Les lessives biologique lavent _____ blanc que les lessives ordinaires; en revanche, _____ je lave mon ligne, _____ les couleurs fanent.
무공해 세제는 일반 세제보다 더 희게 세탁한다. 그러나 나는 내 빨래를 더 빨수록 색이 퇴색된다.

ⓑ On peut utiliser les produits de ce charcutier en toute confiance: il n`emploie que les _____ viandes les _____ fraîches et les _____ grasses.
이 돈육가공점 제품은 신뢰하고 사용할 수 있다. 이곳은 가장 신선하고 가장 덜 기름진 고기를 사용한다.

ⓒ Il vaut _____ acheter les denrées agricoles dans leur région d`origine. Les fruits et _____ les légumes en saison étant _____ savoureux que les produits congelés, sans compter que _____ les produits voyagent, _____ ils sont.
원산지의 농산물을 구입하는 것이 더 낫다. 농산품이 덜 여행할수록 훌륭하다는 것은 고려하지 않더라도 제철 과일과 야채가 냉동식품보다 더 맛이 있다.

2 괄호안의 표현을 최상급으로 만들어 보시오.

ⓐ Je pense que le mille-feuilles est un gâteau (bon). De tous les gâteaux c'est certainement celui que j'aime (bien).
나는 밀푀이유가 생과자 가운데 가장 낫다고 생각한다. 모든 생과자 가운데 내가 제일 좋아하는 것이다.

ⓑ Le Val de Loire est une des régions de France (beau).
루아르 강 계곡 지역은 프랑스에서 가장 아름다운 곳 가운데 하나이다.

ⓒ L'annonce de ce mariage nous semble être la nouvelle de l'année (sensationnel). Pour moi c'est un de mes soucis (petit).
이 결혼 소식은 금년의 뉴스 가운데 가장 파문을 일으키는 것이다. 나에게는 가장 보잘것 없는 걱정거리 가운데 하나이다.

ⓓ L'examen a favorisé ceux qui ont lu cet ouvarage (sérieusement).
시험은 이 작품을 가장 진지하게 읽은 사람들에게 유리했다.

ⓔ Elle a la peau fragile et doit veiller à employer des produits de beauté (peu irritant).
그녀는 민감한 피부를 가져서, 가장 자극이 없는 화장품 사용에 유의해야 한다.

3 다음을 프랑스어로 옮기시오.

<보기>   Plus on a de temps libre, plus on regarde la télévison.
         자유시간이 많을수록 더 TV를 본다.

ⓐ 당신은 일을 덜 할수록 그 일을 할 의욕도 작아진다.
moins, moins

ⓑ 시간이 없을수록, 당신의 일정은 더욱 잘 짜여져야 한다.
s'organiser

ⓒ 사람들은 늙어갈수록 자유시간이 많아진다.
   plus, plus

ⓓ 사람들은 TV를 많이 볼수록 영화관에 덜 가게 된다.
   plus, moins

ⓔ 그녀가 게으른 정도로 그는 근면하다.
   aussi ... que

ⓕ 그는 TV를 싫어하는 만큼 영화를 좋아한다.
   autant ... que

4 POUR EN SAVOIR _____ (더 많이) SUR LES NOUVEAUX PRIX DU TELEPHONE

Les prix du téléphone sont modifés à partir du 15 janvier. Des Zone Locales Elargies sont mises en place, très avantageuses pour les clients de France Télécom. Elles corrigent des inégalités et favorisent l'aménagement du territoire en plaçant l'abonné, où qu'il se trouve au centre d'une large zone accessible au tarif local, c'est-à-dire _____ (가장 싼). Il peut alors joindre à ce tarif, en moyenne _____ (7배더) correspondants qu'auparavant.

Ces nouvelles Zone Locales répondent à la demande de la plupart des association de consommateurs, de nombreux élus et des représentants des collectivités locales.

Ce qui ne change pas :
- le prix des appels de _____ (~보다 덜) 3 minutes vers les abonnés que

vous pouviez joindre en local avant le 15 janvier.
- le prix de l'Unité télécom : 0, 12 euros TTC,
- tous les avantages tarifaires, à l'heure du déjeuner, après 18h et pendant le week-end,

새 전화요금에 대해 더 알려면

1월 15일부터 전화요금이 변경된다. 시내 통화 구역이 확대되고 프랑스 텔레콤 고객(abonné)에게는 더 유리해진다. 통화지역은 불균형을 수정하고, 가입자가 어디에 있더라도 광역 센터에 시내 요금으로, 말하자면 최저 요금으로 연결하며, 통화지역 관리(aménagement)를 개선한다. 이것은 이전과 비교하면 7배 더 많은 통화자와 연결할 수 있는 것이다. 새로운 시내통화 구역 설정은 많은 소비자 단체, 지방자치 단체의 선출자(élu)와 대표자들의 요청에 따른 것이다.

변경되지 않은 내용 :
- 1월 15일 이전에 시내 통화로 연결되던 가입자와의 3분미만의 통화
- 1통화 요금 세금포함(TTC; toutes taxes comprises) 0,12 유로
- 점심시간, 오후 6시 이후 그리고 주말 우대 요금

16 비교급, 최상급

패턴연습 16 해답

1 ⓐ plus blanc, plus je lave .... plus les couleurs

ⓑ les plus fraîches, les moins grasses

ⓒ il vaut mieux, plus savoureux, moins les produits, meilleurs ils sont

2 ⓐ le meilleur des gâteaux, le mieux

ⓑ une des plus belles régions de France

ⓒ la nouvelle la plus sensationnelle, un de mes moindres soucis

ⓓ le plus sérieusement

ⓔ les moins irritants

3 ⓐ Moins vous faites de travail, moins vous avez envie d'en faire.

ⓑ Moins de temps vous avez, mieux vous devez vous organiser.

ⓒ Plus les gens vieillissent, plus ils ont de temps libre.

ⓓ Plus les gens regardent la télé, moins ils vont au cinéma.

ⓔ Il est aussi travaileur qu'elle est paresseuse.

ⓕ Il aime autant le cinéma qu'il déteste la télévision.

4 Plus, au tarif le plus bas, 7 fois plus de, moins de

프랑스의 문화정책

프랑스는 중앙정부 내에 강력한 독립부처로 문화부를 위치시키고 있으며 드골 대통령은 최초의 문화부를 1959년에 발족시켰고 초대 장관으로 앙드레 말로가 취임해 문화정책을 폈다. 프랑스 문화부의 명칭은 문화부, 문화공보부, 1988년 자크 랑 장관 시절에는 "문화·공보·대역사(大役事) 및 200주년부"였으며 문화·프랑스어권부, 문화부, 문화공보부(1997) 등으로 여러 차례 바뀌어 왔다.

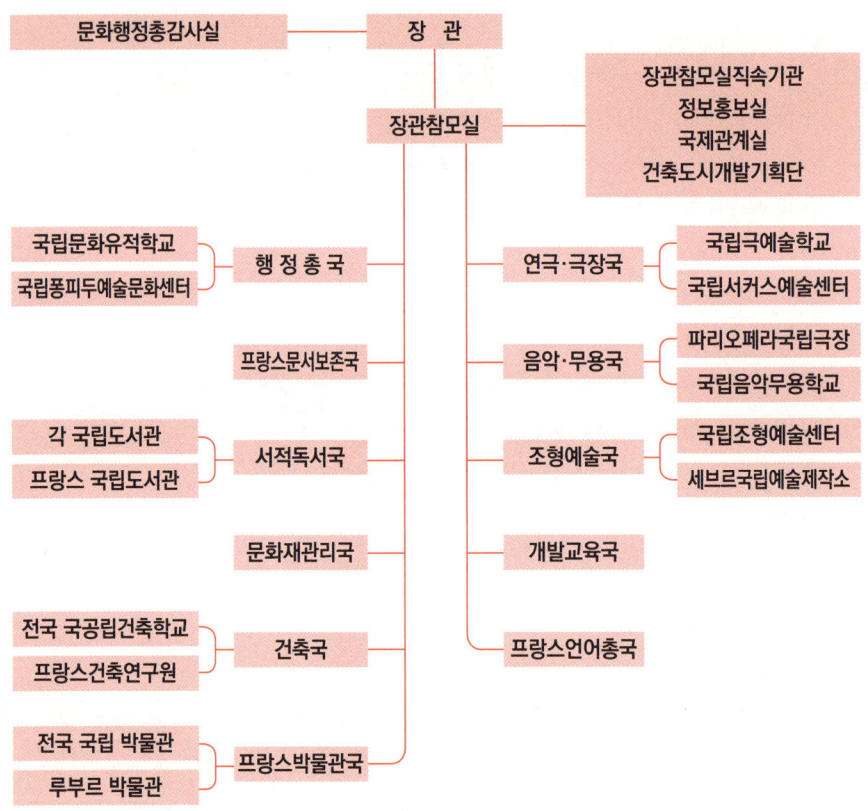

프랑스어 문법

17
명령문

17 명령문

1 용법

프랑스어에서 명령문은 너, 당신(들) 그리고 우리에게
~을 하도록 시키는 말이다.
그리고 3인칭의 사람이 "~을 했으면 좋겠다"라는 내용을 나타내기도 한다.

1 동사원형도 명령형으로 사용될 수 있다.

Servir frais. 차게 드세요.
Ne pas se pencher. 몸을 기울이지 마시오.

2 미래시제도 공손한 명령형으로 사용된다.

Vous lui en parlerez, s'il vous plaît.
그에게 그것을 말씀해주세요.

vouloir 동사의 명령형은 매우 예의바른 명령형이나 편지글의 끝에서 사용된다.

Veuillez recevoir l'expression de mes sentiments distingués.
심심한 사의(謝意)를 받아주십시오.

3 3인칭에 대한 명령은 접속법을 쓴다.

Qu'elle s'explique. 그 여자가 설명하게 해라.

2 형태

명령법

tu entres → entre (1군동사 s생략) 들어가 !
nous entrons → entrons 들어가자 !
vous entrez → entrez 들어가세요 !

1 être : sois, soyns, - soyons
avoir : aie, ayons, ayez
savoir : sache, sachons, sachez
vouloir : veuille, veuillez

2 무엇보다도 잘 들리게 하기 위해 2인칭 명령형은 y, en 대명사 앞에서 -as, -es의 s가 유지되며 이때 s는 발음이 된다.
Vas-y, parles-en, manges-en

3 다음과 같이 명령형 다음에 동사원형이 올 경우 하이픈으로 연결하지 않는다.
Viens me voir demain.
내일 날 보러 와라.

동사원형이 따라오는 경우가 아니면 me, te 대신에 moi, toi가 사용되며 하이픈으로 연결된다.

Suivez-moi.   따라 오세요
Assieds-toi.   앉아라
Donnez-m'en.   그걸 내게 주세요.

Va t'en.　　　　　가라.

명령형에 하나 이상의 대명사가 따라올 때 어순은
<동사+ 직접목적어+간접목적어+y/en>

Donnez-le-lui.　　그것을 그에게 주세요.
Servez-vous-en.　　그것을 드세요.

패턴연습 17

1 이탤릭체 부분을 명령형으로 써 보시오.

ⓐ *Se calmer. S'asseoir* là et *essayer* de respirer à fond.
진정하세요. 저기 앉아서 깊이 숨 쉬어보세요.

ⓑ *Me donner* un moment. *Ne pas me tracasser.*
잠깐만요. 나를 귀찮게 하지 마세요.

ⓒ *Etre* gentil. *M'aider* à descendre la valise s'il vous plaît.
점잖게 구세요. 내가 짐을 내리는 것을 도와주세요.

ⓓ *Avoir* patience. *Ne pas vous moquer* de lui.
참으세요. 그 사람을 놀리지 마세요.

ⓔ *Vouloir répondre* dans les plus brefs délais.
가능한 한 빨리 대답하세요.

ⓕ *S'en aller. Me laisser* en paix.
가버리세요. 날 좀 가만히 내버려 두세요.

ⓖ *Se souvenir* de son anniversaire. *Savoir* qu'il tient beaucoup à vous.
그의 생일을 기억하세요. 그는 당신과 가까이 지내고 싶어 한다는 것을 아세요.

ⓗ *Se soigner. Faire* attention à votre régime et *ne pas oublier* de respecter les consignes du médecin.

몸조심 하세요. 다이어트 하는데 주의하고 의사의 지시를 따르는 것을 잊지 마세요.

2 이탤릭체 부분을 알맞은 대명사로 다시 써 보시오.

ⓐ Parle *de tes études à ton père*.
학업에 관해 너의 아버지께 말씀 드려라.

ⓑ Occupez-vous *de ce travail* et faites attention *à la date limite*.
이 일을 맡아서 하고 마감일에 신경 쓰세요.

ⓒ Donnez *de l'argent au mendiant*.
거지에게 돈을 주세요.

ⓓ Offre *ces fleurs à ta mère*. Remercie *ta mère* de ma part.
이 꽃들을 너의 어머니께 드려라. 어머니께 고맙다는 내 말을 전해드려라.

ⓔ N'oubliez pas *la date de son anniversaire*.
그의 생일을 잊지 마세요.

ⓕ Ne venez pas demander *son adresse*. Ne cherchez pas à trouver *sa cachette*.
그의 주소를 물으러 오지 마세요. 그의 은신처를 찾으려 하지 마세요.

ⓖ Va *a la réunion*. Donne *ces papiers aux délégués*.
회의에 가라. 이 서류들을 대표자들에게 주어라.

ⓗ Parle *de tes projets*. Explique *tes idées*.
너의 계획에 대해 말해라. 너의 생각을 설명해보아라.

패턴연습 17 해답

1 ⓐ Calmez-vous. Asseyez-vous là et essayez de respier à fond.

ⓑ Donnez-moi un moment. Ne me tracassez pas.

ⓒ Soyez gentil. Aidez-moi à descendre la valise s'il vous plaît.

ⓓ Ayez patience. Ne vous moquez pas de lui.

ⓔ Veuillez répondre dans les plus brefs délais.

ⓕ Allez-vous-en. Laissez-moi en paix.

ⓖ Souvenez-vous de son anniversaire. Sachez qu'il tient beaucoup à vous.

ⓗ Soignez-vous. Faites attention à votre régime et n'oubliez pas de respecter les consignes du médecin.

2 ⓐ Parle-lui-en.

ⓑ Occupez-vous-en et faites-y attenion.

ⓒ Donnez-lui-en.

ⓓ Offre-les-lui. Remercie-la de ma part.

ⓔ Ne l'oubliez pas.

ⓕ Ne venez pas la demander. Ne cherchez pas à la trouver.

ⓖ Vas-y. Donnez-les-leur.

ⓗ Parle-en. Explique-les.

프랑스의 인도차이나 식민지 언어정책

1789년 선교사를 포함한 일단의 프랑스 무장세력이 현재의 사이공 지역에 상륙했다. 혁명 전야의 불안한 정정의 프랑스나 당시 영국 세력에 둘러싸인 채 겨우 프랑스의 통제권을 유지하고 있던 인도 동부의 폰디쉐리를 벗어나 베트남의 남단에 상륙한 프랑스인들에게 이곳은 모험심과 종교적 열정, 그리고 자신들이 보유한 조선, 무기제조, 축성술, 항해술 등에서의 선진 기술들을 마음껏 발휘할 수 있는 기회를 자발적으로 제공한 한 정치세력의 중심부였다.

당시 베트남에서는 두 개의 세력이 대치하고 있었다. 하나는 현 베트남의 북부와 중부를 장악하고 있었던 떠이썬군(西山軍)이고 또 다른 하나는 자딘(嘉定), 즉 사이공 주변과 이서의 메콩 델타에 근거한 응웬 푹 아인(阮福映) 세력이었다. 그 이전 16세기부터 18세기까지 약 200년간 베트남은 남북으로 분열되어 있었는데, 북부는 찐(鄭) 왕가가 지배하고 있었고 남쪽 절반은 응웬(阮) 왕가가 지배하고 있었다. 1771년 응웬 씨(氏) 치하의 떠이 썬에서 반란이 일어나 응웬 씨 지배를 종결시켰고 이 반란군에 의해 북부의 찐 씨 세력도 종말을 고하고 말았다. 프랑스인들이 들어왔을 때는 이미 떠이 썬(西山) 왕조(1788-1802)가 수립되어 있었고 남부에서는, 응웬 왕가의 한 생존자 응웬 푹 아인(후에 자 롱 제(嘉隆帝), 1802-1820)이 왕위에 올라 1788년에 가까스로 남부에 세력거점을 마련한 상태였다

프랑스는 베트남 그 자체가 갖고 있는 가치뿐만 아니라 중국시장과 연결되는 안정된 발판으로서의 지리적 이점에 주목했다. 뒤늦게 아시아의 식민지 경영에 참여한 프랑스에게 남은 땅은 라오스, 캄보디아, 베트남뿐이었다. 그런데 베트남은 중국으로의 진출을 고려할 때 해안에 면한 적지였을 뿐 아니라 육로를 통해서는 중국의 광동과 광서에, 북부의 홍하를 따라서는 운남에, 남부의 메콩을 따라서는 캄보디아, 라오스, 그리고 중국으로 통하는 루트의 기점이었다.

프랑스는 선교의 자유 보장, 베트남의 수도 후에(Hue)에 통상대표부를 둘 것 등을 요구했고 응웬 조(阮朝)가 이를 거절하자 1858년 수도 후에로 들어가는 입구 근처의 군사항구 다낭으로 군대를 파견했다. 당시 이 원정대에는 15척의 전함과 알제리인을 포함하는 1,500명의 프랑스군에다가, 대부분 필리핀인으로 구성된 850명의 스페인군이 스페인 선교사 박해에 대한 보복을 명목으로 참가하고 있었다.

베트남에서 수행된 프랑스의 이민족 언어정책은 처음부터 그 목표가 동화주의를 위한 것이었다. 후에 통치 이념이 협동주의로 전환되면서 언어정책도 달라졌지만 그들은 초기부터 언어 하나를 더 가르친다는 의미로 단순히 프랑스어를 교육시킨다는 것이 아니었다. 궁극적으로는 베트남어를 제거하고 프랑스어로 대치한다는 것이 기본 방향 설정이었던 것이다. 베트남어의 로마자 표기는 카톨릭 신부들에 의해 이루어졌다. 16세기에 들어서면서 유럽 신부들이 기독교 전파를 목적으로 베트남에 들어오기 시작했다. 이들 신부들은 기독교 전파의 필요에서 로마자로 베트남어를 표기할 것을 시도했다. 이들 중 오늘날 국어자(Chu Quoc Ngu) 라고 불리워지는 베트남어의 로마자화에 가장 큰 공헌을 한 사람은 알렉상드르 드 로드(Alexandre de Rodes) 신부이다. 그는 안남어·포르투갈어·라틴어 사전 (Dictionnarium Annamiticum-Lusitanum et Latinum)을 1651년 로마에서 발간함으로써 오늘날 베트남 문자의 체계를 확립하였다.

프랑스어 문법

18
재귀대명사

18 재귀대명사

1 용법

1 다음과 같이 주어가 복수형일 때 일반적으로 "상호(相互)"의 의미로 쓰인다.

Nous nous écrivons souvent. 우리는 자주 서신교환을 한다.

2 다음 대명동사들은 "재귀"나 "상호"의 의미가 아닌 독자적인 의미로 쓰인다.

s'abstenir	삼가다, 기권하다
s'imaginer	상상하다
s'adresser à	~에게 말을 걸다
se méfier de	조심하다
s'apercevoir de	~을 알아차리다
se moquer de	조롱하다
se dépêcher	서두르다
se noyer	물에 빠지다
se douter de	짐작하다
se plaindre	불평하다
s'écrier	소리치다
se presser	서두르다
s'en aller	가버리다
se promener	산책하다
s'enfuir	달아나다
se rappeler	회상하다

s'enrhumer	감기에 걸리다
se réfugier	피난가다
s'évader	달아나다
se sentir	느끼다
s'evanouir	기절하다
se servir de	이용하다
se fâcher	화내다
se rendre à	~에 가다
se fier à	신뢰하다
se souvenir de	~을 기억하다

3 신체 일부가 대명동사와 함께 쓰일 경우 소유형용사가 아니라 정관사와 함께 쓰인다.

Je me lave les cheveux .
나는 머리를 감는다.

2 형태

대명동사는 프랑스어의 모든 법(직설법, 접속법, 조건법)과 시제에서 사용한다.
부정문은 다음과 같이 <재귀대명사 +동사> 앞뒤에 ne ... pas를 붙여 사용한다.

Elle ne s'active pas.
그녀는 부지런히 움직이지 않는다.

> 복합시제에서는 다음과 같이 être 조동사 앞뒤에 ne ... pas가 붙는다.
> Elle ne s'est pas activée.
> 그녀는 부지런히 움직이지 않았다.

과거분사의 일치는 se가 직접목적어인지 간접목적어인지에 따라 달라진다.
Elle s'est coupée.
그녀는 베었다(이때 se는 직접목적어)

Elle s'est coupé le doigt. 그녀는 손가락을 베었다.
(le doigt가 직접목적어, se는 à elle을 뜻하는 간접목적어)

se souvenir 같은 동사에서 과거분사는 주어에 일치시킨다.
다음의 경우 과거분사의 일치에 주의하자.
Ils se sont écrit.
그들은 서로에게 편지를 썼다 (일치 않음)

Ils se sont vus.
그들은 서로를 보았다 (일치)

패턴연습 18

1 재귀대명사로 완성시켜보시오.

ⓐ Tu _____ es servi?
너는 식사 했니?

ⓑ Elles _____ sont assises à la même table.
그 여자들은 같은 테이블에 앉았다.

ⓒ Nous _____ sommes plaints des services du chemin de fer.
우리는 철도 서비스에 대해 불평햇다.

ⓓ Je ne _____ sens pas bien.
나는 컨디션이 좋지 않다.

ⓔ Elle _____ débrouillera toute seule.
그 여자는 혼자 문제를 해결할 것이다.

ⓕ Ils _____ sont mariés la semaine dernière.
그들은 지난 주에 결혼했다.

2 다음을 복수형으로 만드시오.

ⓐ Cette aventure s'est passée il y a très longtemps.
이 모험은 오래 전에 있었던 일이다.

ⓑ Je me suis pressé le plus possible.
나는 가능한 한 서둘렀다.

ⓒ Tais-toi!
조용히 해.

ⓓ Tu te passeras de dessert ce soir.
너는 오늘 저녁에 디저트가 없게 된다.

ⓔ Je m'entends bien avec son copain.
나는 그의 친구와 잘 지낸다.

ⓕ Le voisin s'est occupé des animaux en mon absence.
내가 없을 때 이웃 사람이 동물들을 돌보았다.

3 괄호안의 동사를 활용해보시오.

LA FRANCE DANS LE MONDE

Petit pays par sa superficie et par sa population, la France a eu dans le passé un rôle de 'super-grand'. Première puissance en Europe sous Louis XIV, son influence _____ (s'éteindre) à de grandes parties de la planète, jusqu'à la fin du XIXe siècle, grâce à son empire colonial et à son rayonnement culturel. Mais, depuis 1945, la France a su _____ (s'adapter) au nouveau contexte international. Avec la décolonisation entreprise par Pierre Mendès-France puis le général de Gaulle, son empire a disparu. Notre pays progressivement _____ (s'intégrer) dans l'Europe et son économie _____ (s'ouvrir) sur le monde.

면적(superficie)과 인구는 작은 나라였지만, 프랑스는 과거에 "초강대국"(super-grand) 역할을 했다. 루이 14세 치하에 유럽 제1의 강대국이었

18 재귀대명사

고 그의 영향력은 19세기 말까지, 식민 제국(empire colonial)과 문화 확산(rayonnement culturel)에 힘입어 지구상의 대부분에 미쳤었다. 그러나 1945년 이후로 프랑스는 새로운 국제적 맥락에 적응했다. 삐에르 망데스 프랑스와 드골 장군의 탈식민화(décolonisation)와 함께 프랑스 제국은 사라졌다. 프랑스는 점차 유럽에 동화(s'intégrer)되었고 그 경제는 세계를 향해 열렸다.

4 다음을 부정문으로 만드시오.

ⓐ Elles s'en iront sans bruit.
  그 여자들은 소리 없이 가버릴 것이다.

ⓑ Je m'intéresse aux problèmes de l'environnement.
  나는 환경문제에 관심이 있다.

ⓒ Tu t'es mal débrouillée.
  너는 문제 해결을 잘 못했다.

ⓓ Il s'est rasé avant de sortir.
  그는 외출 전에 면도했다.

ⓔ Nous nous étions couchés de bonne heure.
  우리는 일찍 잠자리에 들었다.

5 대명동사를 활용해보시오.

ⓐ J'ai eu un accident parce que la voiture devant moi _____ (s'arrêter)
  내 앞차가 서는 바람에 사고가 났다.

ⓑ En général je _____ (se lever) à sept heures et demie.
일반적으로 나는 7시 반에 일어난다.

ⓒ Hier je _____ (s'adresser) à l'agent de police pour un renseignement.
어제 나는 경찰관에게 물어보려고 말을 걸었다.

ⓓ Quand il sera grand il _____ (se souvenir).
그가 자라면 기억할 것이다.

6 아래 동사들을 이용해 프랑스어로 옮기시오.

S'arrêter, se tromper, se brosser, s'acheter, se trouver, se vendre, se lever, se demander, se passer de, se réveiller, se rencontrer, se presser

ⓐ 나는 비디오 카세트를 샀다.
s'acheter

ⓑ 잠깨고 일어나라!
se réveiller, se lever

ⓒ 불행히도 열차는 여기 서지 않는다.
s'arrêter

ⓓ 이 장난감들은 크리스마스 전에 잘 팔린다.
se vendre

ⓔ 양치질하고 서둘러라.
se brosser, se presser

패턴연습 18 해답

1 ⓐ Tu t'es servi? ⓑ Elles se sont assises
ⓒ Nous nous sommes plaints ⓓ Je ne me sens pas bien
ⓔ Elle se débrouillera ⓕ Ils se sont mariés

2 ⓐ Ces aventures se sont passées...
ⓑ Nous nous sommes pressés...
ⓒ Taisez-vous!
ⓓ Vous vous passerez de...
ⓔ Nous nous entendons bien...
ⓕ Les voisins se sont occupés des...

3 son influence s'est étendue, a su s'adapter, s'est progressivement intégré, son économie s'est ouverte,

4 ⓐ Elles ne s'en iront pas sans bruit.
ⓑ Je ne m'intéresse pas aux....
ⓒ Tu ne t'es pas mal débrouillée.
ⓓ Il ne s'est pas rasé avant de sortir.
ⓔ Nous ne nous étions pas couchés de bonne heure.
ⓕ Vous ne vous ennuyez pas tout seul?

5 ⓐ s'est arrêtée ⓑ je me lève ⓒ je me suis adressé(e) ⓓ il se souviendra
ⓔ tu t'enerves ⓕ nous nous reposerons

6 ⓐ Je me suis acheté une vidéocassette.

ⓑ Réveille-toi et lève-toi!

ⓒ Malheureusement le train ne s'arrête pas ici.

ⓓ Ces jouets se vendaient très bien avant Noël.

ⓔ Brosse-toi les dents et presse-toi.

프랑스의 입법 중심 언어정책

대부분의 언론은, "투봉 법은 방어적인 정책"이라는 논평을 했다. 그러나 일부 언론은 , 언어관련 입법 활동에 정당성을 부여해온 지금까지의 태도에 변화를 보이며 표현의 자유를 이유로 언어영역에 대한 입법 활동 자체에 반대 입장을 표명하기도 했다. 예컨대 앵포 마땡(Info-Matin)지(紙)는 국회에서 투봉법 관련 독회(讀會)가 진행되고 있던 1994년 5월 5일, "프랑스는 해저터널 개통으로 영국이 가까워지는 것을 막기 위해 언어에 철조망을 두르려하고 있다"는 논평을 싣기도 했다.

1994년 4월 21일 투봉 법 관련 국회 문화·가정·사회 분과위원회에 제출한 보고서에서 페뤼 Francisque Perrut의원(공화국연합당)은 "프랑스어를 풍요롭게 하기 위한 모델로 엄격한 문법을 강요한 보쥴라 Vaugelas 보다는 상상력을 고양시킨 라블레 Rabelais의 생각을 지지한다. 라틴어와 데카르트의 전통에 따라 프랑스어가 갖고 있는 명료함, 뉘앙스, 개념의 분명한 표현을 사랑한다. 어휘와 구문이 개념의 경계와 이해를 이끌어내며 사용자의 삶, 사고, 문화를 이성적으로 만드는데 기여한다. 어휘는 의사소통 수단일 뿐만 아니라 감각적인 표현이 되거나 지성의 감정적인 표현 수단이 되기도 한다. 라블레의 글에 10만 단어가 들어있다면 10만 가지 표현 방법이 들어있는 것이다. 엄격한 방법을 통해 얽어매기보다는 라블레 스타일의 친근한 개선방법을 찾아야 할 것이다." 라며 보다 유연한 방법으로 어휘와 표현을 풍성하게 만들 방법을 찾을 것을 권하기도 했다. 그리고 프랑스의 여러 지방 문화로부터의 차용이나 다른 프랑스어 사용국가의 신조어 도입을 통해 표현을 다채롭고도 풍요롭게 하는 방법론의 개선 필요성을 강조하기도 했다.

사회학자 그리티 Jules Gritti도 위의 생각과 마찬가지로 "엄격한 문법과 규칙을 강조하는 볼테르나 보쥴라를 어느 정도 잊고, 표현의 풍요로움을 갖게 하는 라블레의 생각을 다시 찾아보는 것이 프랑스어의 근원을 다시 찾고 언어를 풍요롭게 하는 길이 될 것"이라고 말했다. 이처럼 방법론상의 보다 유연한 해결책을 모색해 보자는 생각을 내놓은 사람들이 있기도 했지만 투봉법 관련 토론이 있기 한해 전인 1993년 11월 23일 르장드르 Legendre 의원(공화국연합당)은 상원에서의 연설을 통해 "프랑스어권(francophonie) 덕분에 프랑스는 국제적 차원의 관계를 유지할 수 있게 되었다. 문화적 치이를 인정히지는 GATT General Agreement on Tariffs and Trade 관세 및 무역에 관한 일반 협정에서의 토론에서 만장일치의 지지를 이끌어내는 데는 프랑스어 사용국들의 도움이 결정적이었다. 프랑스어권은 단지 문화운동 뿐만 아니라 정치세력이기도 하다"라며 프랑스어권의 연대와 이를 위해 강력하게 프랑스어 관련 정책을 실시할 것을 촉구한 바 있다.

투봉 법은 1994년 6월 30일 최종적으로 국회를 통과했다. 이에 앞서 있었던 4월 12일 상원에서의 독회에서 회장(circulaire)을 통해 발라뒤르 총리는 지난 1992년 헌법에 "공화국의 언어는 프랑스어"(Langue de la Republique est le français)라는 부분이 헌법 제3조에 보완된 점을 상기시켰다. 프랑스어는 국가의 정체성, 역사 그리고 문화를 구성하는 주요 요소라는 점을 강조하며 프랑스어의 지위에 대한 재확인은 공화국의 하나됨(unité)을 상징하며, 시민 생활에 있어서 모든 사람의 완전한 통합을 이끄는 힘이라고 역설했다. 그리고 프랑스어는 국가 주권(souveraineté)의 주요 구성요소이며 사회연대를 위한 요인이라고 말했다. "모든 국민이 우리들의 언어라는 유산을 물려받았지만 특히 국가공무원은 다른 어느 국민 보다 정확한 용법으로 프랑스어를 구사하고 프랑스어의 확산을 위해 힘써야 할 것이라고 다시 한 번 강조했다. 아울러 프랑스는 주요 국제어로서의 지위를 유지해야하며 프랑스어를 공유하고 있는 사회에 대해 프랑스가 수행해야할 "특별한 책임"(responsabilité particulières)에 대해서도 역설했다.

법률안의 발제에 있어서 자크 투봉 Jacques Toubon 문화부 장관은 국민의 대표기구에서 국어에 대한 법률안을 심의할 수 있게 된 것을 기쁘게 생각하며 사법 및 행정업무를 프랑스어로 하게 한 1539년의 빌레르 코트레 칙령 이후 언어문제는 "국가적인 사업"(une affaire d'Etat)이었다고 말했다.

프랑스어 문법

19
수동태

19 수동태

1 용법

1 수동태가 가능한 여러 시제들

부정법	être publié
현재 분사	étant publié
조건법 현재	il serait publié
조건법 과거	il aurait été publié
대과거	il avait été publié
접속법 현재	qu'il soit publié
접속법 과거	qu'il ait été publié

2 프랑스어에서는 직접목적어만 수동태의 주어로 쓰일 수 있으며 간접목적어는 수동태로 만들 수 없다.

On a donné un cadeau à l'enfant.--> Un cadeau a été donné à l'enfant.
L'enfant a été donné un cadeau. (X)

이와 같이 ~ quelque chose à quelqu'un 구조를 갖는 동사들은 다음과 같다.
conseiller, défendre, demander, donner, enseigner, montrer, offrir, pardonner, permettre, prêter, promettre, refuser, vendre

2 형태

> 수동의 의미를 나타내는 방법들
>
> **- On** + 능동 동사
>
>   On m'a envoyé une lettre de menaces. 나는 협박편지를 받았다.
>
> **- se voir , s'entendre +inf.**
>
>   Il s'est vu refuser l'entrée du club.
>   그는 클럽 가입이 거절되었다.

Je me suis entendu dire que ce billet était faux.
나는 이 티켓이 가짜라고 들었다.

se faire, se laisser + inf.
Il s'est fait attraper. 그는 잡혔다.

Je me suis laissé dire qu'elle l'avait quitté.
나는 그 여자가 그를 떠났다고 들었다.

1 프랑스어에서는 추상명사로 수동의 의미를 나타내는 일이 많다.

Nous avons vu la démolition du mur de Berlin.
우리는 베를린 장벽의 파괴를 보았다.

2 비인칭 구문도 수동의 의미를 갖는다.

Il est strictement interdit de fumer.
흡연은 엄격히 금지되었다.

3 <se + 동사>는 흔히 수동의의미로 사용된다.

Le champagne se consomme très frais.
샴페인은 아주 차게 마신다.

Le vieux montpellier se visite à pied.
몽펠리에 옛 시가지는 걸어서 방문한다.

패턴연습 19

1 다음을 능동태로 바꿔보시오.

Le chat est nourri par le voisin. > le voisin nourrit le chat.
이웃사람이 고양이를 키운다.

ⓐ le couscous a été préparé par son copain.
쿠스쿠스 요리는 그의 이웃이 준비했다.

ⓑ La gamine a été retrouvée dans la rue.
어린이는 길에서 발견되었다.

ⓒ La soirée sera organisée par les assistants.
저녁 모임은 보조원들이 마련할 것이다.

ⓓ L'école aurait été entièrement détruite par un incendie.
학교는 화재로 완전히 파괴되었을 것이다.

ⓔ Une nouvelle pièce a été bâtie pour agrandir la maison.
집을 늘리느라고 새로운 방을 만들었다.

2 대명동사를 이용해 다시 써보시오.

ⓐ On écrit les noms propres avec des majuscules.
고유명사는 대문자로 쓴다.

ⓑ On mange le canard avec des petits pois.
오리고기는 완두콩와 함께 먹는다.

ⓒ On joue au rugby dans le sud-ouest de la France.
프랑스 남서부에서 럭비를 한다.

ⓓ Récemment on a métamorphosé la ville de Toulouse.
최근에 툴루즈 시(市)는 변모했다.

ⓔ On vendait les pommes de terre très cher l'hiver dernier.
지난 겨울 감자는 비싸게 팔렸다.

ⓕ On fera cela avec ou sans votre accord.
이 일은 당신의 동의 여부에 따라 수행된다.

3 괄호안의 동사를 수동태로 써보시오.

- Chaque passager peut effectuer des achats hors taxes, dans la limite des quantités indiquées page 2, et ce à l'aller et au retour, Par respect des lois européennes, Brittany Ferries ne pas ⓐ_____ (autoriser) à vendre au-delà de ces quantités par traversée.
  Nous demandons à notre clientèle de vérifier les produits ⓑ_____ (acheter), tickets et reçus au moment de l'achat, les erreurs et/ou échanges ne pouvant être ⓒ_____ (prendre) en compte après avoir debarqué du navire.

- Seuls les passagers de 17 ans ou plus ⓓ_____ (autoriser) à acheter de l'alcool et du tabac.

- Il ne pas ⓔ_____ (autoriser) de consommer à bord les vins et spirtueux   ⓕ_____ (acheter) dans les Boutiques.

- 승객 여러분은 2페이지에 지적된 분량의 면세품(hors taxe)을 왕복 시에 각각 살 수 있습니다. 유럽의 법률을 준수하여 브리타니 페리 호(號)는 운항 시에 초과 분량 판매가 허용되지 않습니다.
  상품 구입 시에 구입한 물건, 티켓, 영수증을 잘 확인하시기를 당부하며 과실에 대한 일 아나 교환은 선박에서 하선한 이후에는 처리가 불가능합니다.
- 17세 이상의 승객만이 주류와 담배를 살 수 있습니다.
- 판매점에서 구입한 와인이나 독주(毒酒, spirtueux) 를 선상에서 마시는 것은 허용되지 않습니다.

4 다음을 프랑스어로 옮기시오.

ⓐ 에펠탑은 1889년에 건설되었다.
　　être construire

ⓑ 이 음료의 TV광고를 한다.
　　faire de la pub

ⓒ 나는 학교에서 클라리넷을 배웠다.
　　apprendre à + inf.

ⓓ 휴전은 공식적으로 내일 조인된다.
　　signer officiellement

ⓔ 이 화장품은 면세점에서 판다.
　　boutique hors taxe

ⓕ 그는 선불하라고 요청되었다.
　　payer en avance

19 수동태

패턴연습 19 해답

1 ⓐ Son copain a préparé le couscous.

ⓑ On a retrouvé la gamine dans la rue.

ⓒ Les assistants organiseront la soirée.

ⓓ Un incendie aurait entièrement détruit l'école.

ⓔ On a bâti une nouvelle pièce pour agrandir la maison.

2 ⓐ Les noms propres s'écrivent avec des majuscules.

ⓑ Le canard se mange avec des petits pois.

ⓒ Le rugby se joue dans le sud-ouest de la France.

ⓓ Récemment la ville de Toulouse s'est métamorphosée.

ⓔ Les pommes de terre se vendaient très cher l'hiver dernier.

ⓕ Cela se fera avec ou sans votre accord.

3 ⓐ Brittany Ferries n'est pas autorisée ⓑ les produits achetés

ⓒ ne pouvant être pris ⓓ sont autorisés ⓔ il n'est pas autorisé

ⓕ les vins et spiritueux achetés ⓖ les prix indiqués

4 ⓐ La Tour Eiffel a été construite en 1889

ⓑ On fait de la pub pour cette boisson à la télé.

ⓒ On m'a appris à jouer de la clarinette à l'école.

ⓓ Le cessez-le-feu sera signé officiellement demain.

ⓔ Ces produits de beauté se vendent à la boutique hors-taxe.

ⓕ On lui a demandé de payer en avance/il s'est vu demander de payer en avance.

프랑스어 문법 ··· **235**

제5공화국에서의 프랑스어 보호

드골 대통령 집권기인 1966년 "프랑스어 수호 및 확산을 위한 고등위원회" 창설은 5공화국에서 이 분야에 대한 첫 번째 공권력의 개입이었다. 퐁피두 대통령은 1972년 중앙정부 차원의 전문용어위원회를 설치하고 국가에 의해 승인된 신조어의 사용을 의무화했다. 1975년 의회는 프랑스어를 사용하는 소비자를 보호하기 위해 프랑스어 사용을 강제하는 프랑스어 사용관련법(1975년 12월 31일)을 의원입법으로 제정했다. 이 법은 바-로리올법으로 불리며 다음과 같은 경우 프랑스어 사용을 강제하고 있다.

- 재화와 용역에 관한 상거래 및 광고
- 언론에서의 입찰공고문 작성과 근로 계약에 관한 서면 확인
- 공법인이나 공공 역무를 특허 받은 사인의 재산에 부착되는 모든 게시문
- 지방자치단체나 영조물(營造物) 법인과 체결한 계약
- 라디오나 텔레비전 프로그램에 대한 정보나 안내. 이 경우 명백하게 외국인을 대상으로 한 프로그램은 제외한다.

그 외에도 동일한 프랑스어 표기가 존재하는 경우 외국어로 된 단어나 표현을 프랑스어 문장 안에 포함시킬 수 없도록 했다. 그러나 별도의 번역을 첨부하는 것은 금지하지 않았다. 이 법에 관한 1977년 3월 14일 시행관련 회람은 다음과 같이 구체화하고 있다.

- 특정 외국어가 이미 통용되고 있고 동일한 프랑스어 표기가 없는 경우에는 허용된다. 예컨대, 비프스테이크, 샌드위치, 스파게티, 블루진
- 대중에 널리 알려진 외국의 고유 물품이나 특산물의 명칭은 그대로 사용할 수 있다. 쿠스쿠스(couscous), 쇼리죠(chorizot : 고추를 넣은 소시지), 파엘라(paella) 등
- 국제협정에 의해 프랑스 내에서 보호 받는 parmesan, whisky 같은 외국 명칭은 금지의 대상이 아니다.
- 상표 및 상호에 대해서는 이 법이 적용되지 않는다.

이 법은 몇 가지 강제 수단을 갖추고 있었는데 이 법을 위반한 경우 사기 단속을 위한 1905년 8월 1일 법률 위반 혐의로 소추되고 처벌 되도록 했다. 지방자치단체나 영조물 법인의 보조금을 받는 자가 이 법을 위반한 경우에는 그 보조금을 환수하도록 했다. 그러나 이 같은 강제수단은 충분하지 못했고 이 법의 실효성에 대한 문제가 꾸준히 제기 되었다.

한편 "프랑스어 강화"에 관한 시행령은 1972년, 1983년 그리고 1986년에 제정된 바 있다. 1986년 명령에 따라 중앙 정부 차원에서 각 부(部)의 전문용어 위원회가 설치되었으며 전문용어위원회는 다음의 임부를 부여받았다.

프랑스어 문법

20
동사원형과 현재분사

20 동사원형과 현재분사

1 용법

1 독립적인 용법

- 명사처럼 문장의 주어로 사용된다.

Travailler tout le temps n'est pas bon pour la santé.
늘 일만 하는 것은 건강에 좋지 않다.

Corriger leurs fautes sans les décourager, voilà le problème.
좌절시키지 않으면서 잘못을 고쳐주는 것, 바로 그것이 문제다.

다음과 같이 또 다른 동사원형의 보어 역할을 하기도 한다.

Voir , c'est croire. 보는 것이 믿는 것이다.

- à + inf.는 종종 조건절의 의미를 갖기도 한다.

A en juger d'après les apparences 겉모습만으로 판단하면

- 또는 다음과 같이 형용사적인 의미로도 쓰인다.
  Une chambre à louer
  임대할 방

un repas à emporter
테이크 아웃 식사

-비인칭 구문에서는 다음과 같이 쓰인다.

Il est impossible de comprendre cela.
그것을 이해하는 것은 불가능하다.

C'est impossible à comprendre.
이해하는 것은 불가능하다.

2 전치사 없이 사용될 때

- 다음과 같이 "선호" "기대" "희망"을 뜻하는 동사 다음에

Je veux partir.
나는 떠나고 싶다.

J'adore danser.
춤추는 것을 아주 좋아한다.

J'espère le voir.
그를 보고 싶다.

- 동작의 동사 다음에

Je viens vous voir.
당신을 만나러 왔습니다.

Je suis allé le chercher.
나는 그를 찾으러 왔다.

- sembler, paraître 다음에

    Elle sembler se contenter de très peu.
    그녀는 거의 만족해하는 것 같않다.

2 형태

> 현재분사 : 어간 + ant
>
> 제롱디프(gérondif) : en + ant ~하면서(동시 동작/상황)
>
> 제롱디프를 강조하기 위해서는 앞에 tout를 붙인다.

- **laisser**와 **faire** 동사 다음에

    Je les ai laissés partir. 나는 그들이 떠나게 내버려두었다.
    Ils ont fait construire une maison. 그들은 집을 짓게 했다.

- 과거 부정법 (Infinitif passé)

    après 다음에 오는 avoir/être +p.p를 "과거부정법"(infinitif passé)이라고 한다.
    Après avoir écrit sa dissertation.... 자신의 논문을 쓰고 나서 ...

    avoir surmonté, ~을 극복하고 être sorti 외출하고

패턴연습 20

부정법(Infinitif)

1 과거 부정법(infinitif passé)으로 빈칸을 채워보시오

ⓐ Après (étudier)_____ ce texte de près, j'ai commencé à en être vraiment obsédé.
이 텍스트를 자세히 읽고 나서 나는 그것에 정말로 사로잡히게 되었다.

ⓑ Après (lire) _____ cet article, je comprends mieux le problème.
이 기사를 읽고 나는 문제를 더 잘 이해한다.

ⓒ Après (se laver)_____ elle est allée se coucher.
씻고 나서 그녀는 자러 갔다.

ⓓ Elle a pris la décision d'aller vivre en France après y (aller)_____ une seule fois.
그녀는 프랑스에 한번 가보고 그곳에 살러 갔다.

ⓔ Après (se plaindre)_____ au directeur, elle est retournée à son travail.
사장에게 불평하고 나서, 그녀는 일하러 돌아갔다.

2 부정법(infinitif)을 이용해 프랑스어로 옮기시오.

ⓐ 그는 그녀가 열쇠를 자물쇠에 넣는 것을 들었다.
entendre mettre

ⓑ 그들은 프랑스에서 여름을 보내고 싶어한다.
espérer passer

ⓒ 밖으로 몸을 기울이지 마시오.
se pencher

ⓓ 차게 드세요.
frais

ⓔ 그 사람이 앉아서 잡담을 하고 있는 것을 보면 할 일이 없는 것 같다.
le voir assis

ⓕ 그녀는 당신 서류를 찾으러 갔다.
aller chercher

3 <보기>와 같이 다시 써보시오.

<보기>　Comme elle est infirmière, elle sait faire des pansements.
　　　　> Etant infirmière, elle sait faire des pansements.
　　　　간호사라서 그녀는 붕대를 감을 줄 안다.

ⓐ Comme il est étudiant, il doit passer des examens.
그는 학생이어서 시험을 치러야한다.

ⓑ Comme elle a terminé sa dissertation, elle va sortir ce soir.
그녀는 논문을 끝냈기 때문에 오늘 저녁에 외출한다.

ⓒ Je vois un groupe d'enfants qui jouent sur la plage.
나는 바닷가에서 노는 한 무리의 어린이들을 본다.

ⓓ Puisque j'ai deux heures de libre cet après-midi, je vais visiter l'exposition.
오늘 오후에 두 시간의 여유가 있으니 전시회에 가겠다.

4 현재분사 또는 제롱디프로 완성시키시오.

Joachim du Bellay, le poète des Regrets, fut le premier écrivain à prendre vigoureusement fait et cause pour la langue française (publier)_____ en 1549 Défense et illustration de la langue française, à vanter ses vertus comme langue de culture mais aussi de littérature. Ainsi, avec son manifeste - dont nul n'aurait pu prédire à une époque dominée par le latin l'incroyable postérité - rompait-il avec la tradition médiévale (inaugurer)_____ le mouvement du classicisme promis à un bel avenir. (Ce faire) _____ , il établissait un principe fondamental toujours d'actualité : l'égalité de toutes les langues.

Le Monde de l'éducation

회한(悔恨Regrets,)을 쓴 시인 조아심 뒤벨레는 1549년 "프랑스어의 수호와 현양"(illustration)을 발표하며 처음으로 프랑스어를 강력하게 지지한 (prendre fait et cause pour) 첫 번째 작가로, 프랑스어의 문화 언어 그리고 문학 언어로서의 장점을 찬양했다. 그리고 라틴어가 지배하던 시대에 아무도 그처럼 놀라운 라틴어의 계승자postérité를 예견할 수 없을 때에 그는 자신의 선언문(manifeste)과 함께 아름다운 미래가 약속된 고전주의 운동을 전개하며 중세의 전통과 단절했다. 이렇게 하며 그는 모든 언어의 평등이라는 영원한 현실성의 근본적인 원칙(principe fondamental)을 세웠다.

5 현재분사 또는 제롱디프를 이용해, 프랑스어로 옮기시오.

ⓐ 고립된 섬에 살면서 그들은 조용한 삶을 살고 있다.
   habitant une île

ⓑ 그 다음 날 떠나기로 결심하고 그는 훨씬 더 만족해했다.
   Ayant décidé

ⓒ 집에 돌아오며 그녀는 저녁식사 준비를 시작했다.
   en rentrant

ⓓ 당신을 돕고 싶지만, 어떻게 해야 할지 모르겠다.
   tout en voulant

ⓔ 도서관에서 신문을 뒤적이다가, 그녀는 매우 흥미 있는 기사들을 발견했다.
   en feuilletant

패턴연습 20 해답

1 ⓐ. Après avoir étudié . . .
   ⓑ Après avoir lu . . .
   ⓒ Après s'être lavée . . .
   ⓓ après y être allée . . .
   ⓔ. Après s'être plainte . . .

20 동사원형과 현재분사

2 ⓐ Il l'a entendue mettre sa clef dans la serrure.
ⓑ Ils espèrent passer l'été en France.
ⓒ Ne pas se pencher au dehors.
ⓓ Servir frais.
ⓔ A le voir assis en train de bavarder, on dirait qu'il n'avait pas de travail à faire.
ⓕ Elle est allée chercher votre dossier.

3 ⓐ Etant ⓑ Ayant terminé ⓒ un groupe d'enfants jouant ⓓ Ayant

4 en publiant, en inaugurant, Ce faisant

5 ⓐ Habitant une île isolée, ils menaient une vie très tranquille.
고립된 섬에 살면서 그들은 조용한 삶을 살고 있다.
ⓑ Ayant décidé de partir le lendemain, il se sentait beaucoup plus content.
그 다음 날 떠나기로 결심하고 그는 훨씬 더 만족해했다.
ⓒ En rentrant, elle a commencé à préparer son dîner.
집에 돌아오며 그녀는 저녁식사 준비를 시작했다.
ⓓ Tout en voulant vous aider, je ne sais vraiment pas comment.
당신을 돕고 싶지만, 어떻게 해야 할지 모르겠다.
ⓔ En feuilletant des journaux à la bibliothèque, elle avait découvert des articles très intéressants.
도서관에서 신문을 뒤적이다가, 그녀는 매우 흥미 있는 기사들을 발견했다.

프랑스의 전문용어 정비

프랑스어에 대한 국가 차원의 정비는 아주 오랫동안 아카데미 프랑세즈에 의해 이루어졌다. 1646년 루이 13세가 창설한 이후 1930년대에 국립 언어 기관들이 설립되기 이전까지 전통과 권위의 유일한 기관이었으며, 역사적으로 볼 때 전문어, 학술어를 다루는 곳 역시 이 기관 외에는 없었다고 할 수 있다.

1930년대에 와서 전문 용어와 언어 정책에 대한 관심이 동시에 일어났는데, 한편으로는 그때 당시 생겨난 국제, 국내의 산업 기술 표준 기관의 영향과 다른 한편으로는 과학기술 발전과 교류로 인해 외래어(주로 영어) 유입이 증대된 것이 그 이유라 할 수 있겠다. 산업 기술 표준 기관인 프랑스 표준화 기구(AFNOR)에 의해 주도되는 용어 표준화 작업은 프랑스에서 매우 중요한 위치를 차지하고 있으나 그 해당 분야가 제한되어 있고, 일반인들에게 미치는 영향력이 비교적 적다고 생각되므로 여기에서는 다루지 않겠다. 국가 차원의 언어 정책, 전문 용어 정비 사업과 해당 법규를 중심으로 살펴보고자 한다.

국립프랑스어연구원 OLF가 설립된 1937년보다 앞선 1933에 전문 용어 기관인 현대 프랑스 기술 용어 위원회(Commission de la terminologie technique francaise moderne)가 창설되었다. 초대 위원장이었던 브뤼아는 다음과 같이 이 기관의 역할을 밝혔다. "지식인, 전문인, 기술자들이 모여 프랑스 기술 용어를 통일하고 또한 불쾌하고 불규칙적인 신어들로부터 자국어를 보호하면서, 산업발전과 발견에 발맞춰야 한다. [......] 프랑스 산업과 기술자들에게 익숙한 기술 언어가 영어와 독어로 편찬되는 문서를 전부 번역할 수 있어야 한다. 그렇지 않으면 프랑스는 세계 경제에서 그 지위를 상실하게 될 것이다." 산업 기술 사전을 준비하였으나 1937년 이 기관은 문을 닫는다. 2차 세계 대전 이후 미국의 영향과 더불어 영어 어휘들이 쏟아져 들어오면서, 많은 지식인과 학자들이 문제의 심각성을 인식하고 이때부터 수많은 언어 기관들이 생겨나게 된다. 그중 학술어 자문 위원회(1952)가 대표적이다. 이 기관은 test 같은 영어 단어를 인정하였지만, 프랑스어 동사의 굴절 어미가 붙은 형태(tester)는 인정하지 않았고, position의 파생 동사 positionner도 불인정으로 심의하였다.

1950~60년대는 전례 없이 활발히 전문 용어 관련 기구들이 활동을 한 시기이다. 프랑스 학술원(아카데미 프랑세즈) 내에 용어 위원회 설치를 필두로 정부 기관의 지원으로 대부분 이루어진 다른 많은 단체들이 생겼다. 그 첫 번째 기관이자 50~60년대에 가장 영향력을 행사한 중요 단체는 1954년 창립되어 현재까지 활동 중인 프랑스 기술 용어 연구 위원회(Comite d'etude des termes techniques francais)이다.

프랑스어 문법

21
전치사 à 와 de

21 전치사 à 와 de

1 용법

1 à

전치사의 의미를 밝히는 것이 쉬운 일은 아니지만 다음과 같이 구분해볼 수는 있을 것이다.

- 시작이나 연속	commencer à, se mettre à, continuer à
- 헌신, 노력	se dévouer à, se fatiguer à
- 의도, 제안	chercher à, persister à
- 성공	arriver à, réussir à
- 내키지 않음	hésiter à, renoncer à
- 강요	forcer à, obliger à
- 습관, 격려	habituer quelqu'un à, encourager quelqu'un à

- apprendre와 enseigner 동사는 <동사+간접목적어+à + inf> 구문을 갖는다.

  Il apprend à son fils à conduire.
  그는 자기 아들에게 운전을 가르친다.

- avoir/être +inf. 그리고 비인칭 주어+rester 동사 구문

  J'ai une lettre à écrire.
  나는 편지를 한 장 써야한다.

C'est une occasion à ne pas manquer.
놓쳐서는 안 되는 기회다.

Il me reste à écrire deux lettres.
나는 편지 두 장을 써야한다.

2 de

- 충고나 설득 persuader q.n de faire qch, avertir qn de faire qch
  이 가운데 많은 동사는 간접목적어를 취한다.
  conseiller à qn de faire qch
- 요청, 시도 prier/supplier qn de, essayer de , tâcher de
- 비난, 의심 accuser de , soupçonner de
- 자축(自祝) se flatter de ,se féliciter de
- 명령, 금지 ordonner à qn de faire qch , défendre à qn de faire qch
- 공포 craindre de , avoir peur de
- 망각 oublier de , omettre de
- 계획 proposer de , projeter de
- 가장, 핑계 faire semblant de , feindre de
- 종결 cesser de , finir de
- 서두름 se dépêcher de , se presser de
- 기쁨, 유감 se réjouir de, regretter de
- 허락 permettre (à qn) de , choisir de , convenir de , décider de
- 거부 s'absetenir de , refuser de

2 형태

두 전치사가 같이 쓰이는 경우

예컨대 continuer는 à와 de 모두 쓰인다. 대개 de는 모음충돌(hiatus)을 피하려고 쓰이는 경우가 많다.

Il continua de le faire.
그는 그 일을 계속했다. (단순과거)

Il commença de pleuvoir.
비 오기 시작했다. (단순과거 시제)

- Il commence à apprendre / Il a commencé par lui demander
  배우기 시작했다 / 그에게 묻는 것으로 시작했다

- Il a fini de préparer le repas / Il a fini par les remercier de leur attention
  그는 식사준비를 끝냈다 / 그들에게 관심에 대해 감사드리며 끝을 냈다.

다음 구문들을 비교해 보자.
  Il a décidé de partir / Il s'est décidé à partir
  그는 떠나기로 결심했다.

  Il a essayé de le comprendre / Il s'est essayé à faire de la peinture.
  그는 그를 이해시키려고 애썼다.

21 전치사 à 와 de

On m'a forcé/obligé à passer l'examen.
나는 시험을 통과해야했다.

Je suis forcé/ obligé de passer l'examen.
나는 시험을 통과해야했다.

패턴연습 21

1 à 또는 de를 써보시오.

a. Arrivé en 6e ou en 4e l'enfant a appris _____ manier sa propre langue.
　　　　　　　　　　　　　　　　　a réussi
　　　　　　　　　　　　　　　　　excelle
중학교 1학년 또는 3학년이 되면서 아이는 모국어를 구사하기를 익혔다/성공했다/탁월하게 한다.

b. Les professeurs ont tort _____ demander aux élèves _____ répéter du par cœur.
선생님들은 학생들에게 반복 또는 암기를 요청하는 잘못을 저지른다.

c. On accuse/blâme les professeurs _____ dispenser un enseignement inutile.
On reproche aux professeurs _____ dispenser un enseignement inutile.
On en veut aux professeurs _____ dispenser un enseignement inutile.
사람들은 교사들이 쓸데없는 교육을 한다고 비난한다.

d. Les enfants tiennent _____ savoir comment cela fonctionne.
　　　　　　　　s'intéressent
아이들은 그것이 어떻게 작동하는지 알려고/관심 있어 한다.

e. Les enfants s'amusent/se plaisent/prennent plaisir _____ jongler avec les éléments.
아이들은 그 부품들을 갖고 놀기를 즐긴다.

f. Ils dédaignent/évitent/négligent/omettent/refusent _____ donner des explications aux enfants.

그들은 아이들에게 설명하기를 무시/회피/누락/생략/거절 한다.

g. Ils s'abstiennent/se gardent/se retiennent _____ donner des explications aux enfants.

그들은 아이들에게 설명하기를 회피/조심/자제 한다.

2 알맞은 전치사를 써보시오.

A. Pour les ongles longs, qui craignent davantage les chocs, Brenda Abrial, manucure, conseille _____ passer une couche de vernis à l'intérieur de l'ongle : ça l'enrobe, ça le protège et, en plus, c'est aussi joli à l'envers qu'à l'endroit. Et pour améliorer la tenue du vernis et sa brillance, Brenda recommande _____ appliquer par-dessus, tous les deux jours, une fine couche de vernis transparent.

더욱 충격이 걱정되는 긴 손톱을 위해 손톱 화장사(manucure) 브렌다 아브리알은 손톱 안쪽에도 매니큐어(vernis)를 칠해 줄 것을 권한다. 이것은 막을 입히고(enrober) 손톱을 보호하며 안쪽(envers)과 바깥쪽(endroit) 모두 예쁘게 한다. 매니큐어를 잘 유지하고 빛나게 하기 위해 브렌다는 이틀에 한번씩 투명한 얇은 막을 그 위에 입혀줄 것을 권한다.

B. Vous cherchez _____ faire un cadeau original? Les parfumeries Marie-Jeanne Godard mettent à votre disposition leur service Interparfumeries, le même principe qu'Interflora. Vous choisissez votre cadeau et vous donnez l'adresse du destinataire. Un courrier l'invitera _____ venir _____ le chercher dans la parfumerie de la chaîne (il y en a soixante-huit) la plus proche de son domicile.

Beauté, Elle

독창적인 선물하기를 모색하세요? 마리 쟌 고다르 향수 판매점(parfumerie)들은 공동 꽃 판매 서비스(Interflora).와 같은 원리로 향수 판매점간의 서비스를 고객 여러분이 이용할 수 있게 합니다. 당신의 선물을 고르고 수신자의 주소를 주면됩니다. 메일 한 통이 68개의 체인점 가운데 수신자의 거주지와 가장 가까운 향수 가게에서 그것을 찾아가게 합니다.

패턴연습 21 해답

1 ⓐ à ⓑ de, de ⓒ de ⓓ à ⓔ à ⓕ de ⓖ de

2 de, d', à, à, 전치사 없음.

영어·프랑스어 공용(公用) 캐나다

캐나다 헌법은 언어문제에 관련해 각 주 정부의 권한에 관한 구체적인 항목은 갖추고 있지 못했다. 1988년 캐나다 연방최고재판소는 판결에서 "언어는 독립된 입법 분야가 아니며 1867년 헌법이 의회나 입법기관에 부여한 권한 행사에 있어서 "부수적인" 영역이라고 밝힌 바 있다. 언어문제에 관한 입법은 헌법이 정한 입법 권한에 따라 연방정부와 주정부라는 두 축에 모두 관여하게 되어 있다.

캐나다는 하나의 연방이기 때문에 주나 준주에 따라 언어 관련 제도는 많이 다르다. 역사적으로 보면 퀘벡과 마니토바 주는 연방에 가입할 때 언어문제를 의무적으로 부과시켰다. 특히 입법과 사법 활동에서의 이중 언어사용을 골자로 하는 것이었다. 지금은 대부분의 주가 프랑스어에 관한 입법 조치를 채택하고 있으며 특히 입법, 사법, 교육 그리고 서비스 제공 영역에서 이를 따르고 있으며 퀘벡, 온타리오, 뉴브런즈윅, 노바스코샤, 프린스에드워드아일랜드가 이 같은 시스템이다. 마니토바, 사스카치완, 앨버타는 좀 더 분야별로 선별된 정책을 사용하고 있다. 브리티시컬럼비아와 뉴펀들랜드만이 헌법의 지시 내용에 부합하게 공용어(公用語) 가운데 소수그룹의 학교 선택 문제를 해결하고 있다. 뉴브런즈윅 만 사실 상의 이중 언어공용(共用)지역으로 그들의 요청에 따라 언어관련 몇몇 세부조항은 이미 헌법에 포함되었다.

교육 분야에 있어서 모든 주는 캐나다 권리와 자유 헌정 23조의 내용에 따라 학교 관련법을 실시하고 있다. 23조의 내용은 다음과 같다.

소수언어교육의 권리(Minority Language Educational Rights)
(1)(a) 학습되어 이해되는 최초의 언어인 영어나 프랑스어는 그들이 거주하는 지역에서 소수민족의 언어이지만, (b) 캐나다에서 영어나 프랑스어로 기초교육을 받았으나, 영어나 프랑스어가 소수인구 언어인 지역에 거주하는 캐나다의 시민은 그들의 자녀가 그 지역에서 그 언어로서 초등 또는 중등교육을 받게 할 권리를 가진다.

(2) 자녀들의 일부로 하여금 초등 또는 중등교육을 캐나다에서 영어나 프랑스어로 이수케 했거나 이수하고 있는 캐나다 시민은, 모든 자녀들로 하여금 똑같은 언어로 초등 또는 중등교육을 받게 할 권리를 갖는다.

프랑스어 문법

22
접속법

22 접속법

1 용법

1 접속법은 유럽언어들의 특징이라고 할 수 있는 것으로 주절동사의 "희로애락"의 감정이 나타날 때 que 종속절 다음 동사가 접속법으로 쓰인다.
일반적으로 종속절에 쓰이며 주절에서 다음과 같은 표현이 쓰이면 종속절의 동사는 접속법으로 나타난다.

désirer, vouloir	바라다, 원하다
souhaiter	기대하다
commander, ordonner	명령하다
demander, exiger	요구하다
défendre	금지하다
craindre	우려하다
douter	의심하다
avoir peur	겁내다
s'étonner	놀라다
regretter	유감으로 여기다
être heureux	즐거워하다

La loi défend que nous fumions dans la salle.
법은 우리가 실내에서 흡연하는 것을 금지시킨다.

Je crains qu'il ne pleuve. 비가 올까 걱정된다.
(이때 ne는 접속법 동사 앞에 쓰이는 허사虛辭 explétif 이다.)

Je regrette qu'il ne vienne pas.
나는 그가 못 오는 것을 유감으로 생각한다.

2 주절이 의지, 필요, 감정, 의혹, 부정, 가능, 확실 등을 나타낼 때 다음의 비인칭 구문과 함께 접속법을 사용한다.

il est bon que ~	~하는 것이 적당하다
il est temps que ~	~할 시간이다
il faut que ~	~해야 한다
il est nécessaire que ~	~하는 것이 필요하다
il vaut mieux que ~	~하는 것이 더 낫다
il est étrange que ~	~는 이상하다
il m'est indifférent que ~	~는 내게 상관없는 일이다
il est possible que ~	~는 가능하다
il est douteux que ~	~는 의심스럽다

Il faut que je parte tout de suite.
나는 즉시 떠나야한다.

Vous avez l'air fatigué. Il vaut mieux que vous vous couchiez tôt.
피곤해 보입니다. 일찍 잠자리에 드시는 것이 나을 겁니다.

22 접속법

Il est possible qu'elle vienne ce soir.
그녀가 오늘 저녁에 오는 것은 가능하다.

<il semble que + 접속법>, <il me(te, lui , etc.) semble que + 직설법>에 주의 해야한다.

Il semble que cela soit vrai.
그것은 사실인 것 같다.

Il me semble que je l'**ai vu** quelque part.
어디선가 내가 그를 본 것 같다.

3 목적, 시간, 조건, 감정, 대립, 양보의 접속사 다음에도 접속법이 쓰인다.

afin que, pour que   ~를 위하여
avant que   ~전에
jusqu'a ce que   ~할 때까지
à condition que   ~라는 조건으로

à moins que   ~하지 않는다면
de crainte que, de peur que   ~일까 두려워
bien que, quoique   비록 ~이지만
quelque ...que   아무리 ~라도

Je vous reverrai avant que vous (ne) **partiez** pour la France.
프랑스에 가시기 전에 다시 뵙겠습니다.

프랑스어 문법 ··· 259

Travaillez bien, pour que vous puissiez réussir à l'examen.
시험에 합격하도록 열심히 공부하세요.

J'ai apporté mon imperméable, de crainte que le temps ne change.
날씨가 변할까봐 레인코드를 갖고 왔습니다. (여기서도 ne는 허사)

4 주절동사가 부정이나 의문으로 되어있고 종속절의 내용이 불확실할 때 접속법을 쓴다.

Je ne crois pas qu'il vienne.
나는 그가 오리라고 생각하지 않는다.

Croyez-vous qu'il vienne?
그가 올 것으로 생각하세요?

그러나 다음과 같이 종속절의 내용을 사실로 여기는 상황은 직설법을 쓴다.

Il ne croit pas que je n'ai pas d'argent.
그는 내가 돈이 없다고 생각하지 않는다.

5 주절에서 최상급이나 유일한 내용을 다룰 때 접속법을 쓴다.

le plus, le moins, le meilleur, le mieux, seul. unique, premier, dernier

L'arbre de Noël, c'est le plus bel arbre qui soit sur la terre.
크리스마스 트리가 지상에 있는 나무 가운데 가장 멋진 나무다.

Vous êtes le seul qui me disiez la vérité.
당신이 내게 진실을 말할 유일한 사람입니다.

6 다음과 같이 기원문이나 3인칭에 대한 명령에도 사용된다.

Vive la France !
프랑스 만세

Dieu vous bénisse !
신의 가호가 있기를

Qu'ils se taisent !
그들이 조용하게 하시오.

Qu'il réussisse !
그가 성공하기를 !

2 형태

접속법 현재의 어미

je ...e	nous ... ions
tu ... es	vous ... iez
il ... e	ils ... ent

aimer 좋아하다, 사랑하다

j'aime   nous aim**ions**

tu aim**es**   vous aim**iez**

il aime   ils aim**ent**

만드는 방법은 복수 어간에 -e,-es,-e -ions, -iez,- ent를 붙여 만든다.
nous, vous에 해당되는 동사변화는 반과거와 같은 형태이다.

finir 끝나다, 끝내다

je finisse   nous finissions
tu finisses   vous finissiez
il finisse   ils finissent

다음 동사들의 활용은 빈도가 높은 만큼 잘 익혀 두어야한다.

être   **avoir**

je sois   nous soyons   j'aie   nous ayons
tu sois   vous soyez   tu aies   vous ayez
ils soit   ils soient   il ait   ils aient

aller   **faire**

j'aille   nous allions   je fasse   nous fassions
tu ailles vous alliez   tu fasses vous fassiez
il aille   ils aillent   il fasse   ils fassent

vouloir   **savoir**

je veuille   nous voulions   je sache   nous sachions
tu veuilles vous vouliez   tu sache   vous sachiez
il veuille   ils veuillent   il sache   ils sachent

pouvoir	puisse, puisses, puisse, puissions, puissiez, puissent
venir	vienne, viennes, vienne, venions, veniez, viennent
dire	dise, dises, dise, disions, disiez, disent
connaître	connaisse, connaisses, connaisse, connaissions, connaissiez, connaissent

se lever

je me lève	nous nous levions
tu te lèves	vous vous leviez
il se lève	ils se lèvent

패턴연습 22

1 접속법 현재로 써보시오.

ⓐ Il faut que tu _____ (réfléchir, partir, s'en aller, recommencer; boire, se lever).
너는 심사숙고해야/떠나야/가버려야/다시 시작해야/마셔야/일어나야 한다.

ⓑ Elle veut que nous _____ (sortir, finir, chanter, faire un effort;   apprendre ce poème, s'en aller).
그녀는 우리가 외출하기를/끝내기를/노래하기를/노력하기를/ 이 시를 익히기를/가버리기를 바란다.

ⓒ Il est nécessaire qu'il _____ (travailler, maigrir, boire, pouvoir se détendre, prendre une douche, en savoir les résultats).
그가 일하는 것이/살빼는 것이/마시는 것이/스스로를 보호하는 것이/샤워하는 것이/그것의 결과를 아는 것이 필요하다.

ⓓ Nous désirons que vous _____ (se charger de cette tâche; finir   votre travail, prendre l'apéritif avec nous, avoir le temps d'y penser, être prêt(s) à 19 heures).
우리는 당신이 이 업무를 맡아서 하기를/당신 일을 끝내기를/ 우리와 같이 아페리티프를 마시기를/ 그 일을 생각할 시간을 갖기를/ 오후 7시에 준비되기를 바란다.

2 괄호 안의 동사를 접속법으로 쓰시오.

Pour que le football (redevenir) _____ un super rendez-vous sportif, il faut que tout le monde y (mettre) _____ du sien. Il faut que les responsables des clubs (faire) _____ retomber la pression. Il faut que les joueurs (respecter) _____ les règles, ou (être)_____ sanctionnés. Il faut que les supporters (savoir) _____ qu'il y a des limites à ne pas dépasser.

Okapi

축구가 대단한 스포츠의 만남으로 다시 변모하기 위해서 모든 사람은 최선의 노력을 해야한다 (y mettre du sien). 구단 책임자는 압력(faire la pression)을 완화시켜야하고 선수들을 규칙을 준수해야하며 그렇지 않으면 제재를 받게(être sanctionné) 해야 한다. 응원단(supporters)들도 넘어서는 안 될 경계선이 있다는 것을 알아야한다.

3 알맞은 형태로 써보시오.

ⓐ Il semble que vous (avoir) _____ raison.
당신이 옳은 것 같다.

ⓑ Il est juste qu'il (être) _____ puni.
그가 벌 받은 것은 정당하다.

ⓒ Il est probable qu'elle (arriver)_____ demain.
   그녀는 아마 내일 올 것 같다.

ⓓ Je ne crois pas qu'il (savoir) _____ nager.
   나는 그가 수영을 할줄 안다고 생각하지 않는다.

ⓔ Je resterai ici jusqu'à ce qu'il (partir) _____.
   나는 그가 떠날 때까지 머물겠다.

4 다음을 프랑스어로 옮기시오.

ⓐ 나는 직장을 바꾸고 싶다.
   changer de

ⓑ 떠나기 전에 저를 좀 도와주실 수 있습니까?
   avant que / avant de + inf.

ⓒ 그녀는 혼자 여행하기를 두려워한다.
   avoir peur de

ⓓ 그녀는 인사도 없이 떠났다.
   sans +if. /sans que

22 접속법

5 접속법 현재 또는 과거로 써보시오.

ⓐ Je suis content qu'il (finir) _____ sa thèse.
그가 학위논문을 마쳤다니 기쁘다.

ⓑ Il est possible qu'elle (arriver) _____ déjà.
그가 이미 왔을 수도 있다.

ⓒ Je regrette que nous (ne pas pouvoir) _____ assister à la réunion hier.
나는 우리가 어제 모임에 참석 못 한 것을 유감으로 여긴다.

ⓓ Voulez-vous que je vous (dire) _____ maintenant ce que j'en pense?
내가 생각하는 바를 지금 말씀드리기를 바라십니까?

ⓔ C'est le plus beau jardin que je (voir) _____ jamais.
내가 본 정원 가운데 가장 멋진 곳이다.

패턴연습 22 해답

1 ⓐ réfléchisses, partes, t'en ailles, recommences, boives, te lèves

ⓑ sortions, finissions, chantions, fassions un effort, apprenions ce poème, nous en allions

ⓒ travaille, maigrisse, boive, puisse se détendre, prenne une douche, en sache les résultats

ⓓ vous vous chargiez de cette tâche, finissiez votre travail, preniez . . ., ayez . . .. soyez prêts

2 redevienne, mette, fassent, respectent, soient, sachent

3 ⓐ ayez ⓑ soit ⓒ arrivera ⓓ sache ⓔ parte

4 ⓐ Je veux changer d'emploi. Je veux qu'il change d'emploi.

ⓑ Avant que vous ne partiez, pourrais-je vous demander un service?

Avant de partir je lui ai donné un coup de téléphone.

ⓒ Elle a peur de voyager (toute) seule.

Il a peur qu'il ne lui arrive un accident.

ⓓ Il est parti sans dire au revoir.

Elle est partie sans qu'il la voie.

5 ⓐ ait fini

ⓑ soit déjà arrivée

ⓒ n'ayons pas pu

ⓓ dise

ⓔ. j'aie jamais vu

캐나다 퀘벡의 프랑스어

프랑스어와 영어 간의 새로운 역학 관계 설정은 101호 법의 조항들에 잘 나타나 있다. 101호법에 대한 프랑스어 사용 주민의 반응은 뜨거웠지만 영어 사용자들의 반응은 부정적이었다. 자신들의 공동체 지위 하락뿐 아니라 퀘벡에서 미래에 얻게 될 인구분포나 제도적 불리함을 바로 깨달은 것이다. 상징적으로 그들이 가장 큰 위협으로 느낀 부분은 간판 언어의 프랑스어 단일언어 사용이었다. 정부의 조치뿐만 아니라 상거래에서도 배제되는 언어풍경에서 영어 사용자들은 3백 년 이상 살아온 주민이지만 소수 그룹의 지위의 불확실함에 크게 불안해했다. 그리고 이민자로 구성된 제3언어(異言語) 사용자들은 프랑스어화 조치를 수용할 수밖에 없었다.

부모가 영어 학교를 다니지 않은 이민자 자녀는 의무적으로 프랑스어로 교육을 받아야 한다는 항목에서도 영어 사용자들은 크게 위협을 느꼈고 공동체 유지를 위해 더 이상 이민자들의 영어화 anglicisation나 캐나다 내 다른 지역에서 퀘벡으로 영어 사용자들의 이주에 기대를 걸 수도 없게 되었다. 그리고 프랑스어 사용자들만큼의 영어사용자들의 출산율 감소와 초·중등 영어 학교의 쇠퇴도 뒤

1976년 총선에서 승리한 퀘벡당 Parti québecois은 집권 직후 주 정부의 입법 조치로, 특히 몬트리올에서 프랑스어와 영어의 관계를 재정립하기 위한 즉각적이고도 긍정적인 조치가 필요했다. 1977년에 제정된 프랑스어 헌장은 부모가 영어 학교에 다니지 않은 주민과 이민자 자녀는 프랑스어 학교에서 공부해야 하며, 업계에서 프랑스어 사용을 정상화하는 것이 주된 내용이었다. 101호법의 "아버지"로 불리는 카미유 로랭Camille Laurin은 프랑스어 사용자들에게 퀘벡에서 프랑스어의 지위 제고와 영속성에 대한 확신을 심어주며 동시에 영어 사용자anglophones와 제3언어 사용자allophones에게 이 지역에서 영어에 대한 프랑스어의 지위가 바뀌고 있다는 것을 분명히 하고자 했다. 이에 따른 가시적인 성과 덕택에, 언어풍경의 프랑스어화francisation는 퀘벡에서 프랑스어와 영어의 역학 관계를 새롭게 한 것이다.

1976년 22호법이 야기한 이 같은 소용돌이는 총선에서 집권 자유당의 패배 그리고 퀘벡당의 승리를 가져왔다. 그리고 퀘벡당은 장드롱 위원회 la commission Gendron의 건의에 따라 프랑스어가 받고 있는 위협에 반대하는 언어관련 입법으로 이전 정부와의 차별화를 시도해야 했다. 22호법이 여러 분야에서 프랑스어와 영어의 공존을 허용했던 것과 달리, 101호법은 프랑스어를 퀘벡의 유일 공용어(公用語)로 하고 있나. 101호법의 서문이 나타내고 있는 것처럼, 프랑스어는 퀘벡 사회 정체성의 상징으로 선언되었다. " 대다수 주민이 사용하는 프랑스어는 퀘벡 주민들에게 자신들의 정체성을 나타내게 한다. 의회는 퀘벡 주민들이 프랑스어의 높은 자질과 역할을 분명하게 했다. 그리고 프랑스어는 국가의 언어일 뿐만 아니라 노동, 교육, 커뮤니케이션, 상업, 비즈니스를 위한 정상적인 일상 언어이다."

프랑스어 문법

23
접속법 반과거, 대과거

23 접속법 반과거, 대과거

1 용법

접속법 과거 시제들은 다음과 같이 시제의 일치를 위해 사용되며,
접속법 미래는 없다.
접속법 4개 시제의 용법은 다음과 같다.

접속법　　　　**직설법**

1. 현재　▶　현재, 미래
2. 과거　▶　복합과거, 단순과거, 전미래
3. 반과거　▶　반과거, 과거에 있어서의 미래
4. 대과거　▶　대과거, 과거에 있어서의 전미래

① Je ne crois pas qu'il revienne aujourd'hui (demain).
나는 그가 오늘(내일) 다시 돌아오리라고 생각하지 않는다.

Il lui faudra un ami qui lui dise la vérité.
그에게는 진실을 말해줄 친구가 필요하다.

Il faut que tu sois plus sage.
너는 좀 더 현명해져야한다

2 Je doute qu'il **ait fait** ce travail hier.
나는 어제 그가 이 일을 했는지 의심한다. (접속법 과거)

On ne pensera pas qu'il **ait écrit** ce roman.
사람들은 그가 이 소설을 썼다는 것을 믿지 않을 것이다. (접속법 과거)

Je ne crois pas qu'ils **soient venus** avant midi.
나는 그들이 정오 이전에 왔다고 생각하지 않는다.(접속법 과거)

3 Je ne croyais pas qu'il l'**aimât** tant.
나는 그가 그녀를 그렇게 사랑했다고는 생각하지 않았다. (접속법 반과거)

Je ne pensais pas qu'elle **vînt** le lendemain.
나는 그녀가 그 다음날 왔다고 생각하지 못했다 (접속법 반과거)

Il désirait que vous **fissiez** ce travail tout de suite.
나는 당신이 이 일을 바로 하기를 바랐다. (접속법 반과거)

4 Je ne croyais pas qu'il **fût parti** la veille.
나는 그 사람이 그 전날에 떠났다고 생각하지 않았다 (접속법 대과거)

J'ai ordonné qu'il **eût fini** ce travail avant mon retour.
나는 내가 돌아오기 전에 그 일을 끝내라고 그에게 명령했다.
(접속법 대과거)

23 접속법 반과거, 대과거

2 형태

접속법 과거

être/avoir조동사의 접속법 현재 + 과거분사
aimer : j'aie aimê
venir : je sois venu(e) ....

접속법 반과거

je ..sse	nous ...ssions
tu ..sses	vous ..ssiez
il ..^t	ils ...ssent

접속법 반과거를 만드는 방법은 직설법 단순과거 2인칭 단수(tu)의 활용형에서 s를 떼고 위의 어미를 붙이면 된다.

donner 주다 접속법 반과거

je donnasse	nous donnassions
tu donnasses	vous donnassiez
il donnât	ils donnassent

être의 접속법 반과거

je fusse	nous fussions
tu fusses	vous fussiez
il fût	ils fussent

프랑스어 문법 ··· 273

avoir의 접속법 반과거

j'eusse	nous eussions
tu eusses	vous eussiez
il eût	ils eussent

> **접속법 대과거**
>
> être/avoir 조동사의 접속법 반과거 + 과거분사
>
> faire : j'eusse fait ...
> partir : je fusse parti(e)

23 접속법 반과거, 대과거

패턴연습 23

1 괄호 안의 동사를 접속법 반과거로 써보시오.

ⓐ. Elle attendait que la fin du repas le (rendre) _____ à son travail ou à son oisiveté. Elle attendait encore, seule avec Fanny, que celle-ci (laisser) _____ glisser de ses genoux le livre, ou (s'éveiller) _____ , fraîche, - 'Quoi de neuf, Jane?' - de sa sieste.

식사를 마치고 그가 일터로 가거나 한가롭게 되기를 기다렸다. 그녀는 또 파니 하고만 있으며 파니가 무릎에서 책을 떨어뜨리도록 내버려두거나 낮잠에서 막 깨어나며 "무슨 일이지 제인?" 하고 묻기를 기다렸다.

ⓑ Emue, elle fredonnait à mi-voix, pour qu'il (ne pas entendre) _____ que le fil de sa voix vacillait comme un jet d'eau sous le vent ....

감동받아 그녀는 그가 듣지는 못하게 작은 소리로 콧노래를 불러, 바람 앞에 물줄기처럼 그녀의 목소리의 끈이 흔들리게 했다.

ⓒ Il fallait donc que celui qui surveillerait la petite rue, dès qu'il verrait l'auto, (faire) _____ signe aux deux autres. (Malraux, La Condition Humaine)

이 사람은 차가 오는 것을 보자마자 다른 두 사람에게 신호를 보낼 수 있도록 작은 골목을 잘 지켜보아야했다.

ⓓ La présence d'un marchand d'antiquités, dont le magasin s'ouvrait juste en face de la rue, l'aiderait; à moins que l'homme (ne pas appartenir) _____ à la police. (Malraux, La Condition Humaine)

가게를 길 바로 맞은편에 연, 골동품상의 등장은 그 사람이 경찰이 아닌 한 그를 도울 것이었다.

2 괄호 안을 접속법 대과거로 써보시오.

ⓐ Il était content qu'elle (achever) _____ sa thèse avant la date limite.

그녀가 마감일 전에 학위 논문을 마쳐서 그는 기뻤다.

ⓑ Il était possible qu'elle (arriver) _____ déjà.

그녀는 벌써 왔을 수도 있다.

ⓒ Il craignait qu'elle (se tromper) _____ déjà de chemin.

그는 그 여자가 길을 잘못 들었을까 두려워했다.

ⓓ Il avait beaucoup regretté qu'elle (ne jamais aller) _____ en France.

그는 그녀가 한번도 프랑스에 못 가본 것을 몹시 유감으로 생각했다.

23 접속법 반과거, 대과거

3 다음을 직설법으로 다시 써보시오.

ⓐ Si elle eût su le résultat, elle s'en fût réjouie.
그녀가 결과를 알았다면 기뻐했을 것이다.

ⓑ Si elle se fût montrée plus sympathique, il se fût confié à elle.
그녀가 좀더 정답게 보였다면 그는 그 여자를 신뢰했을 것이다.

ⓒ S'il y eût pensé, il eût pu lui épargner cet ennui.
그가 그것을 생각했더라면 이 같은 난처한 일은 하지 않아도 됐을 것이다.

패턴연습 23 해답

1 ⓐ rendît, laissât, s'éveillât ⓑ n'entendît pas ⓒ. fît ⓓ n'appartînt pas

2 ⓐ eût achevé : Il était content que +접속법 대과거.
ⓑ fût déjà arrivée : Il était possible que + 접속법 대과거.
ⓒ ne (허사 'ne') se fût déjà trompée de chemin.
   : Il craignait que + 접속법 대과거
ⓓ ne fût jamais allée.
   : Il avait beaucoup regretté que +접속법.

3 ⓐ Si elle avait su le résultat, elle s'en serait réjouie.
ⓑ Si elle s'était montrée plus sympathique, il se serait confié à elle.
ⓒ S'il y avait pensé, il aurait pu lui épargner cet ennui.

초기 한불 교류사

프랑스 측은 한불관계의 역사를 다음과 같이 정리했다.

(1) 조불수호통상조약 체결 이전까지의 양국 접촉(1831~1886)

朝佛관계의 시작은 평탄하지 못했다. 양국 간 최초의 접촉은 먼저 종교 면에서, 그리고 이를 계기로 있었던 군사적 충돌 그리고 외교적인 국교 수립으로 발전하게 되었다. 1831년 로마교황청이 조선교구(朝鮮教區)를 창설하고 조선에서의 포교를 파리외방전교회에 위탁함으로써 조선에 프랑스 선교사들이 파견되기에 이르렀고, 1836년 이래 3년에 걸쳐 앵베르(Imbert, L.M.J.) 신부를 비롯한 3명의 선교사가 조선에 몰래 입국하여 포교 활동을 전개했다.

1839년 그동안 포교에 종사하던 프랑스 선교사들이 모두 희생되는 사건(기해박해)은 프랑스가 조선에 간섭하게 되는 구실이 되었고, 나아가 프랑스 군함을 조선 해안에 파견시키는 계기가 되었다.

1866년 조선에서 12명의 프랑스 신부 중 9명이 살해되는 박해가 일어나자 프랑스 극동함대 사령관 로즈(Roze, P.G.) 제독은 탈출에 성공한 리델(Ridel, F.C.) 신부와 함께 두 차례에 걸친 조선 원정을 결행, 강화도까지 점령했으나, 프랑스 측의 실패로 돌아가며 쇄국정책의 장본인인 흥선대원군에 더욱 힘이 실리게 되었다.

(2) 수교 후 조불관계 (1886~1910)

①조불수호통상조약의 체결과 관계 발전 : 강화도에서의 조·불전쟁에 실패한 프랑스(나폴레옹 3세 치하)는 조선 원정 실패의 책임을 물어 드 벨로네(de Bellonnet, B.) 주청(駐淸)공사대리를 소환하고, 뒤에 신미양요(1872)의 피해국인 미국이 프랑스 정부에 제의한 불미대한공동작전(佛美對韓共同作戰)에 대해서도 '조선에서의 무력행사에 대한 완전한 회피 태도'를 취함으로써 미국의 공동정한제의(共同征韓提議)를 거부했다.

클레망세(Clémencet, E.)는 대한제국 농상공부 우체사무주임(우체국장, 1888.12.)에 임명되어 한국체신 발전에 전환점을 가져다주었고, 1900년 7월에는 우표와 우편엽서를 프랑스에 의뢰해 제작했다. 이를 계기로 한·프랑스 우편 협정이 체결되었다, (1900.4.17.).

1900년 5월에는 법부 고문관으로 크레마지(Crémazy, L., 1905년 8월까지 재임)가 임명되었으며, 철도·광산 등 기술 분야에 라팽(Rapin), 트뤼슈(Truche), 푸샤르(Pouchard) 등 모두 15명의 프랑스인이 한국 정부의 주요 관직에 등용되었다.

그러나 이 같은 한·프랑스 관계는 일본 측이 강요한 외국인 용빙협정(1904.8.22.)에 따라 일본인으로 대치되었고, 1905년 을사조약 체결로 한국의 외교권이 박탈되자 한·프랑스 간의 공식적인 외교관계도 끝을 맺게 되었다.

② 사회·문화 관계 : 1886년의 조약체결로 조선에서 선교의 자유가 보장되자 파리외방전교회는 적극적으로 진출하여 한반도에 가톨릭문화가 들어왔다.

프랑스어 문법

프랑스어 문법 총정리

지금까지 다뤄온 여러 내용들을
빈도와 난이도 별로 선별하여
그 개념과 용법을
분명히 하게 한다.

차례

1. 복합과거
2. 대명동사의 복합과거
3. Y와 EN 대명사
4. 미래
5. EN 대명사의 용법
6. 반과거
7. 의문대명사 : 그 중 어느 것이?
8. 지시대명사
9. EN 대명사 : <소유의 DE + 명사> 대치
10. 대과거
11. 전미래
12. 조건법 현재
13. 조건법 과거
14. 접속법
15. 현재분사
16. 제롱디프

프랑스어 문법 총정리

1 복합과거 (passé composé)

(1) 과거분사(p.p)

-é : -er 동사 aimer 좋아하다 → aimé, aller 가다 → allé
-i : -ir 동사 finir 끝내다 → fini, sortir 나가다 → sorti
-u : -re, -ir, -oir 등의 동사

    attendre 기다리다   → attendu
    tenir 잡다   → tenu
    vouloir 원하다   → voulu

▲ 불규칙형태 avoir 갖다 → eu, être ~이다 → été,
    faire 하다   → fait
    prendre 잡다   → pris

(2) 형태

① **avoir + 과거분사** : 모든 타동사와 대부분의 자동사

J'ai téléphoné à Marie.
나는 마리에게 전화했다.

② être + 과거분사 : 일부 자동사
aller 가다 venir 오다 partir 떠나다 등

Elles sont allées au cinéma hier.
그 여자들은 어제 영화관에 갔다.
(과거분사를 성•수에 일치)

③ 부정문
Je n'ai pas rencontré Pierre.
나는 삐에르를 만나지 못했다.

④ 의문문
Avez-vous rencontré Pierre ?
삐에르를 만났습니까?

2 대명동사의 복합과거

(1) se가 직접 목적어일 때

se lever 일어나다 → s'être levé

je me suis	levé(e)	nous nous sommes	levé(e)s
tu t'es	levé(e)	vous vous êtes	levé(e)(s)
il/elle s'est	levé(e)	ils/elles se sont	levé(e)s

Elles se sont levées.
그 여자들은 일어났다.

Elles se sont levé les mains.
그 여자들은 손을 씻었다,

*se가 직접목적어 일 때만 과거분사는 주어에 일치하는 데 주의

(2) se가 간접목적어일 때

se laver les mains 손을 씻다 → s'être lavé les mains

je me suis	lavé les mains	nous nous sommes	lavé les mains
tu t'es	lavé les mains	vous vous êtes	lavé les mains
il/elle s/est	lavé les mains	ils/elles se sont	lavé les mains

▲ 부정문 : ne s'être pas + p.p

　Je ne me suis pas levé.
　나는 일어나지 않았다.

▲ 의문문 : s'être + 주어 + p.p

　Vous êtes-vous promené hier ?
　어제 산책 하셨나요?

3 Y와 EN 대명사

(1) **à + 명사, 부사, 절**

여기서 명사는 사물에만 한정되며 사람일 경우에는 à + lui 등으로 된다.

J'ai répondu à cette lettre. → J'y ai répondu.
나는 이 편지에 답했다.

J'ai répondu au professeur, → Je lui ai répondu.
나는 선생님께 대답했다.

2) **à (en, dans ...) + 장소**

Je suis allé à la ville. → J'y suis allé.
나는 그 도시에 갔다.

B, EN 대명사

de + 장소

Je suis revenu de la ville. → J'en suis revenu.
나는 그 도시에서 돌아왔다.

4 미래

어미

-rai	-rons
-ras	-rez
-ra	-ront

① -er동사 : parler 말하다

　　　je parlerai　　　nous parlerons
　　　tu parleras　　　vous parlerez
　　　il parlera　　　　ils parleront

② 나머지 동사들도 je finirai, tu finiras 처럼
   -rai, ras, ra , rons, rez, ront으로 활용한다

③ 불규칙형

　　avoir 갖다 → j'aurai　　　être ~이다 → je serai
　　aller 가다 → j'irai　　　　faire 하다 → je ferai
　　venir 오다 → je viendrai　voir 보다 → je verrai

■ **si ~ 라면**

Si j'ai le temps je finirai ce travail.
시간이 있으면 나는 이 일을 끝낼 것이다.

■ **comme ~ 이기 때문에**

Comme mon père est très fâché, il ne m'écoutera pas.
아버지는 매우 화가 나셨기 때문에 내 말을 듣지 않으실 것이다.

■ **quand ~ 할 때에는**

Il viendra quand il sera libre.
그는 시간이 나면 올 것이다.

5 EN 대명사의 용법

① de + 명사, 부정사, 절

여기서 명사는 사물에만 한정되며 사람인 경우에는 de lui, d'elle 처럼 된다.

J'ai besoin de ce livre. → J'en ai besoin .
나는 이 책이 필요하다.

J'ai besoin de Marie. → J'ai besoin d'elle .
나는 마리가 필요하다.

② EN, Y의 위치

다른 직·간접목적어 인칭대명사 + Y (+EN)

Je me souviens de mon enfance. → Je m'en souviens.
나는 내 어린시절을 회상한다.

6 반과거 : ~였었다. ~이곤 했다

(1) 형태

현재형 nous 의 어미 –ons를 떼고 다음으로 대치한다.

-ais	-ions
-ais	-iez
-ait	-aient

그러나 être는 j'étais   nous étions
           tu étais   vous étiez
           il étais   ils étaient

(2) 용법

① 과거의 상태나 지속되는 동작을 나타낸다.

Quand je suis arrivé à Paris (동작), il pleuvait (상태).
내가 빠리에 도착했을 때, 비가 오고 있었다.

Quand je suis entré dans sa chambre(동작), il travaillait(지속되는 동작),
내가 그의 방에 들어갔을 때 그는 일하고 있었다.

② 과거의 습관

Elle allait à l'église tous les dimanches.
그녀는 일요일마다 교회에 갔었다.

③ 시제의 일치에서 과거에 있어서의 현재, 주절 동사가 과거일 때 종속절 동사의 현재시제는 반과거로 한다.

Il me dit qu'il est fatigué.
그는 내게 자기가 피곤하다고 말한다.

→ Il m'a dit qu'il était fatigué.
그는 내게 자기가 피곤하다고 말했다.

7 의문대명사 : 그중 어느 것이

남성단수	lequel	여성단수	laquelle
남성복수	lesquels	여성복수	lesquelles

Voici deux livres. Lequel préférez-vous ?
여기 책이 두권 있습니다. 그중에 어느 것을 더 좋아하십니까?

Lequel de ces livres préférez-vous ?
이 책들 중에 어느 것을 더 좋아하십니까?

8 지시대명사

남성단수	celui	여성단수	celle
남성복수	ceux	여성복수	celles

지시대명사는 일반적으로《정관사 + 명사》를 대치한다.

Je préfère la robe de Marie. → Je préfère celle de Marie.
나는 마리의 드레스를 더 좋아한다.

9 EN 대명사 : 〈명사 + 소유의 de + 명사〉를 대치한다.

J'ai la valise , mais je n'en ai pas la clé.
나는 여행가방이 있지만 그 가방의 열쇠는 없다.

10 대과거 (plus-que-parfait) : ~였었었다

(1) 형태

> avoir(être) 반과거 + p.p

acheter 사다	→	j'avais acheté 나는 샀었다
		il avait acheté 그는 샀었다
venir 오다	→	j'étais venu(e)
		tu étais venu(e)
		il était venu(e)
se lever 일어나다	→	je m'étais levé(e)
		tu t'étais levé(e)
		il s'étais levé

(2) 용법

　a. 과거에 있었던 동작 (복합과거) 보다 먼저 일어난 행위를 나타낼 때

　　Quand je suis arrivé chez elle , elle était déjà partie.
　　내가 그녀의 집에 도착했을 때 그녀는 이미 떠나고 없었다.

　b. 주절 동사가 반과거일 때 시간의 접속사 quand과 함께 과거의 습관을 나타내기도 한다.

　　Quand ils avaient déjeuné, ils jouaient aux cartes.
　　그들은 식사 후에 카드놀이를 하곤 했다.

c. 시제의 일치에 있어서 "과거의 과거"
주절 동사가 과거일 때 종속절 동사는 대과거가 된다.

Il m'a dit qu'il avait été très occupé la veille.
그는 그 전날 매우 바빴다고 내게 말했다.

11 전미래 (futur-antérieur)

미래의 어떤 시점보다 먼저 완료 되었다고 나타내는 시제이다.

(1) 형태

> avoir(être)의 미래 + p.p

(3) 용법

J'aurai écrit cette lettre quand vous reviendrez.
당신이 돌아오실 때까지 이 편지를 써놓겠습니다.

Je serai revenu dans trois heures.
3시간 후에는 돌아와 있을 것입니다.

12 조건법 현재 : ~일 것 같다

(1) 형태

> 미래어간 + 반과거 어미

-rais	-rions
-rais	-riez
-rait	-raient

aimer 좋아하다	→	j'aimerais
avoir 갖다	→	j'aurais
finir 끝내다	→	je finirais
être ~이다	→	je serais
faire 하다	→	je ferais
aller 가다	→	j'irais

(2) 용법

현재의 사실과 반대인 가정에서 "~ 이면 ~일 것이다"

si + 반과거, 조건법 현재

S'il faisait beau aujourd'hui, je ferais une promenade.
오늘 날씨가 좋으면 나는 산책을 할 것이다.

(Mais je ne ferai pas une promenade, car il fait mauvais)
하지만 날씨가 나빠서 나는 산책을 하지 않을 것이다.

② 시제의 일치 : "과거에 있어서의 미래"
주절 동사가 과거일 때 종속절 동사의 미래는 조건법 현재이다.

Il m'a dit qu'il viendrait me voir le lendemain.
그는 그 다음날 나를 보러 오겠다고 말했다.

③ 완화된 어조에서

Je veux acheter une cravate. → Je voudrais acheter une cravate,
나는 이 넥타이를 사고 싶습니다.

Est-ce que samedi vous conviendriez ?
토요일은 괜찮겠습니까?

13 조건법 과거 : ~였으면 ~였을 것이다

(1) 형태

> avoir (être) 조건법 현재 +p.p

parler → 말하다   j'aurais parlé   nous aurions parlé
                    tu aurais parlé   vous auriez parlé
                    il aurait parlé   ils auraient parlé

aller 가다 →   je serais allé(e)   nous serions allé(e)s
                  tu serais allé(e)   vous seriez allé(e)s
                  il serait allé   ils seraient allés

(2) 용법

① 과거 사실과 반대되는 가정

~였으면 ~였을 것이다.

> Si + 직설법 대과거, 조건법 과거

Si j'avais eu le temps, j'aurais fini ce travail.
시간이 있었으면 이 일을 끝냈을 것이다.

(Mais comme je n'avais pas le temps, je n'ai pas fini ce travail.)
하지만 시간이 없어서 나는 이 일을 끝내지 못했다.

② **devoir의 조건법 과거 + 동사원형**

J'aurais dû + inf.   나는 ~ 했어야 한다.
Vous auriez dû + inf.   당신은 ~했어야 한다.

J'aurais dû finir mes devoirs,
나는 내 과제를 끝냈어야 한다.

Je n'aurais pas dû + inf.   나는 ~ 하지 말았어야 한다.
Vous n'auriez pas dû + inf.   당신은 ~하지 말았어야 한다.

Vous n'auriez pas dû lui rendre sa lettre.
당신은 그녀에게 그의 편지를 전하지 말았어야 했다.

14 접속법

(1) 형태

A. 접속법 현재

① je, tu, il(elle), ils(elles) 은
직설법 현재형 ils의 어미 ent를 e, es, e, ent로 바꾼다.

-e	-ions
-es	-iez
-e	-ent

② nous, vous는 직설법 반과거를 사용한다.

【예외】

avoir 갖다 → que j'aie, tu aies, il ait, nous ayons vous ayez, ils aient

être ~이다 → que je sois, sois, il soit, nous soyons, vous soyez, ils soient

aller 가다 → que j'aille ... que nous allions

faire 하다 → que je fasse ... que nous fassions

pouvoir 가능하다 → que je puisse .... que nous puissions

savoir 알다 → que je sache, ... que nous sachions

B. 접속법 과거 : ~ 했었다니

> **avoir (être)의 접속법 현재 + p.p**

parler 말하다 → que j'aie parlé

aller 가다 → que je sois allé(e)

(2) 용법

① 주절 동사가 의지, 의심, 감정(기쁨, 슬픔, 두려움, 놀라움) 등을 나타낼 때 종속절 동사는 접속법으로 사용된다.

주절 • 종속절의 주어가 같을 때에는 동사원형을 사용한다.

Je voudrais finir ce travail.
나는 이 일을 끝내고 싶습니다.

Je voudrais que vous finissiez ce travail.
나는 당신이 이 일을 끝내시기 바랍니다.

② 비인칭 구문

▲ Il faut que ... ~ 해야 한다

faut que j'aille à Paris.
나는 빠리에 가야한다.

▲ Il vaut mieux que ... ~ 하는 것이 더 낫다
Il est normal que ... ~ 는 당연하다
Il est possible que ... ~ 는 가능하다

② 주절이 판단을 나타내는 동사의 의문 • 부정을 종속절이 불확실하게 나타낼 때

Je ne crois pas qu'elle soit malade.
나는 그녀가 아프다고 생각하지 않는다.

(3) 형용사 절에서
① 선행사가 최상급, 유일함 또는 첫번째, 최초, 최후 등을 나타낼 때
(seul, unique, premier, dernier 등)

C'est le meilleur dictionnaire que je connaisse.
이것이 내가 알고 있는 가장 훌륭한 사전이다.

② 선행사가 rien, personne 등의 대명사일 때

Il n'y a personne qui soit content de ce résultat.
이 결과에 만족해 하는 사람은 아무도 없다.

③ 주절동사가 chercher, désirer, demander 이고 부정관사, 부분관사, 수사, plusieurs등이 이끄는 선행사를 목적어로 할 때.
선행사를 정관사, 지시·소유형용사 등이 이끌 때는 직설법.

Je cherche la fille que j'ai rencontré il y a trois mois.
나는 3개월 전에 만난 아가씨를 찾고 있다.

Je cherche une secrétaure qui sache parler français.
나는 프랑스어를 할 줄 아는 비서를 찾고 있다.

(4) 3인칭에 대한 명령 : 발화자의 의지, 희망을 나타낸다.

Il veut aller au cinéma ,
그는 영화관에 가고 싶어한다.

→ Qu'il aille au cinéma.
그기 극장에 갔으면 좋겠다.

(5) 접속법에서 시제의 일치
① 접속법 현재 : 주절동사와 동시에 일어난 행위를 나타낼 때

J'étais content qu'il travaille bien.
나는 그가 일을 열심히 하고 있어서 기뻤다.

② 접속법 과거 : 주절 동사보다 먼저 있었던 행위를 나타낸다.

J'étais content qu'il ait bien travaillé.
나는 그가 일을 열심히 했기 때문에 기뻤다

(6) 부사절에서 사용될 때
목적, 양보, 조건 등을 나타내는 접속사 다음의 종속절 동사는 접속법으로 사용된다.

▲ afin que ~하기 위해
　pour que ~를 위하여
　sans que ~ 하지 않고

▲ bien que, quoique　　～ 비록～이지만
　à moins que (ne)　　～ 하지 않는 한
　de peur que (ne)　　～ 일까 두려워 하며

▲ avant que (ne)　　～ 하기 전에
　en attendant que　　～를 기다리며
　jusqu'à ce que　　～ 할 때까지

▲ de sorte que　　～ 하기 위하여
　pourvu que　　～ 하기만 한다면

▲주절•종속절의 주어가 같을 때는 동사원형이 사용된다.

Elle se nourrit bien pour aller mieux.
그녀는 건강을 회복하기 위해 잘 먹는다.

Elle le nourrit bien pour qu'il aille mieux.
그녀는 그가 건강을 회복하도록 잘 먹인다.

(7) 허사 NE

① 주절동사가 craindre 우려하다, avoir peur 겁내다 등일 때 종속절에 뚜렷한 의미가 없는 ne가 수반되기도 한다.

Je crains qu'il ne pleuve.
나는 비가 올까 우려한다.

② avant que ~하기 전에, à mons que ~ 하지 않고 , de peur que ~을 겁내며 등의 다음에도 허사 ne가 자주 함께 사용된다.

Elle se dépêche de peur que ses amis ne soient déjà partis.
그녀는 친구들이 이미 떠났을까봐 서두르다.

15 현재분사 : ~ 하며

(1) 형태

▲단순형 : 직설법 현재 nous의 어미 ons 대신에 ant를 쓴다.

parler 말하다 → parlant
finir 끝내다 → finissant

그러나 **être** ~이다 → étant
avoir 갖다 → ayant
savoir 알다 → sachant

▲복합형

avoir(être)의 현재분사 + p.p

parler 말하다 → ayant parlé
sortir 나가다 → étant sorti(e,s)

(2) 용법

a. 이미 형용사가 된 현재분사는 수식하는 명사의 성·수에 일치시킨다.
Livres intéressants 흥미있는 책들

b. 관계대명사 qui가 이끄는 절을 대치하는 현재분사는 성•수에 일치시키지 않는다.

J'ai vu une heune fille descendant (= qui descendait) l'escalier.
나는 계단을 내려오는 아가씨를 보았다.

c, 이유, 시간, 양보, 조건 등의 부사절을 대신해 쓰인다.
Ayant beaucoup de travail (= comme j'ai beaucoup de travail)
...
일이 많아서

(3) 시제

a, 단순형 : 주절동사와 동시에 일어나는 행위를 나타낼 때
b. 복합형 : 주절동사 보다 먼저 일어난 행위를 나타낼 때

(4) 절대분사 구문 : 주절과 종속절의 주어가 다를 때

Son amie étant partie, il est très triste.
그의 여자친구가 떠나서 그는 매우 슬프다.

16 제롱디프

(1) 형태

> en + 현재분사

(2) 용법

시간, 조건, 대립, 양보를 나타내는 부사절을 대신하며 주어는 주절동사의 주어와 동일하다.

Il regarde la télévision tout en préparant sa leçon.
(= pendant qu'il prépare sa leçon)
tout는 동시성을 강조

그는 수업을 준비하며 TV를 본다.

프랑스어 문법

저 자   김 진 수

발행일   2023년 2월 25일
발행처   도서출판 한불포럼
발행자   김 진 수
           대표전화 010-8650-7208
           주소 서울 성북구 보국문로 30길 15, 104-1511
           (02701)
           e 메일 jsk8203@korea.com

등록번호   2022-000075
ISBN   979-11-981128-1 03760

가격 17,000원

—